Silvia Himitian

Guía de meditación familiar

DEDICADOS A LA EXCELENCIA

La misión de Editorial Vida es proporcionar los recursos necesarios a fin de alcanzar a las personas para Jesucristo y ayudarlas a crecer en su fe.

ISBN 0-8297-1158-9
Categoría: Vida Cristiana/ Devocional

© 1997 EDITORIAL VIDA
Deerfield Beach, Florida 33442-8134

Cubierta diseñada por Gustavo Camacho

Printed in the United States of America

Índice

Introducción

E sta serie de estudios ha sido pensada como guía orientadora para la meditación de toda la familia. Deliberadamente la he mantenido con un estilo escueto, casi de bosquejo. La idea es que, a partir de lo esbozado, los padres realicen su meditación, ampliando y profundizando los temas con la ayuda del Espíritu Santo, y que entonces la participen a sus hijos.

Estamos habituados a recibir todo hecho. Esto nos lleva a una simple lectura del material y a que incorporemos los conceptos ya elaborados, sin meditación personal. Hemos perdido el hábito de meditar. Como cristianos eso es grave. Muchas veces nos adherimos a conceptos mundanos contrapuestos al cristianismo sin darnos cuenta, ya que los adquirimos de esta manera, sin una mayor reflexión. Y no es poco frecuente encontrar algunos pensamientos espurios infiltrados dentro de la comunidad, los que modifican el estilo de vida y la sencilla fe de la Iglesia.

Los dardos más certeros en ese sentido provienen del humanismo que, escondiéndose tras una fachada de inocencia y lógica, demuele prolijamente las verdades fundamentales de la fe cristiana.

Debemos recuperar el hábito de la reflexión personal. Debemos incorporar la sana costumbre de meditar y orar en familia.

Es importante incluir a los niños en el desarrollo de los temas por medio de preguntas, y permitirles expresar sus opiniones. Debemos asegurarnos de que entienden lo que les enseñamos para poder guiarlos correctamente. Si una mente infantil no es capaz de comprender nuestras palabras, no puede percibir las realidades espirituales que hay tras esas palabras y éstas se convierten en formulismos de adultos que los niños memorizan sin llegar a entender.

Expresémonos con sencillez y expliquemos cada verdad con dos o tres frases diferentes. Utilicemos varios y diversos ejemplos para ilustrar, pues son precisamente los ejemplos los que llevan a los niños a la comprensión de las ideas abstractas.

Primera semana

Tema de la semana:

LA SALVACIÓN DE DIOS

Lunes

OBJETIVO: Que sepan que Cristo nos salva del pecado

En 1 Timoteo 1:15 Pablo dice: "Palabra fiel y digna de ser recibida por todos: que Cristo Jesús vino al mundo para salvar a los pecadores, de los cuales yo soy el primero."

Cualquiera que haya entregado su vida a Jesucristo puede decir estas palabras.

Cuando nos acercamos al Señor arrepentidos y le confesamos nuestros pecados, Él no solamente nos perdona sino que nos salva de ese estado pecaminoso en el que nos encontramos. Al entregarnos a Cristo, Él nos recibe y limpia. Quita el pecado que ensucia nuestro interior y nos quita el deseo de pecar. Y ese deseo de llevar una vida desordenada se cambia por el anhelo de agradar al Señor y andar en santidad.

Mientras no recibamos a Jesús como Señor de nuestra vida, no podremos evitar que Satanás nos lleve a cometer pecado. Muchas veces nos rebelamos e intentamos cambiar, ser buenos, ser limpios, pero no lo conseguimos. Sólo Jesús puede salvarnos del pecado y darnos una vida nueva y feliz.

Los suyos tenemos victoria "porque la ley del Espíritu de vida en Cristo Jesús nos ha librado de la ley del pecado y de la muerte" (Romanos 8:2). Satanás no tiene poder para hacernos pecar. Y si cometemos algún pecado, lo confesamos a

Dios y Él nos vuelve a perdonar y a limpiar. ¡Jesús nos salva del pecado! Creámoslo y vivamos en el poder de esta salvación; no aceptemos ninguna condenación del diablo.

El pecado hace desdichadas a las personas, aunque por un tiempo parezcan muy alegres y satisfechas. Aún aquellos que piensan que es más divertido manejar las cosas a gusto y hacer todo lo que les da la gana, terminan descubriendo que el pecado es como una caja de bombones vacía, muy bonita por fuera, pero sin contenido.

"Cristo murió por nuestros pecados" (1 Corintios 15:3). Jesucristo pagó un precio muy alto para salvarnos del pecado. Dio su vida por la nuestra. Nosotros debíamos morir, pero Él ocupó nuestro lugar. Le dijo a Dios: "Padre castígame a mí en lugar de castigarlos a ellos. Yo quiero pagar por las maldades que ellos han cometido, para que puedas perdonarlos y salvarlos." Y así lo hizo. A Cristo le costó muy caro: su propia vida. Por eso debemos amarlo y entregarnos enteramente a Él.

PREGUNTAS PARA LOS NIÑOS

- ¿Quién nos salva del pecado?
- ¿Qué le costó a Jesús salvarnos?
- ¿Quiénes tienen victoria sobre el pecado? ¿Por qué?

PARA LOS MÁS CHIQUITOS

Narre la historia de la mujer pecadora que aparece en Lucas 7:36-50 (no es necesario que mencione la clase de pecado que ella practicaba); destaque que todos la conocían por su mal comportamiento y que Jesús la transformó. Cristo limpió su corazón y ella dejó de vivir en pecado. Fue salva del pecado por el Señor.

Martes

OBJETIVO: Que sepan que Cristo nos salva de una vida vana y mundana

El apóstol Pablo dice en Tito 3:3-5 (VP): "También nosotros antes éramos tontos y desobedientes a Dios; andábamos perdidos y éramos esclavos de toda clase de deseos y placeres. Vivíamos en maldad y envidia; odiosos y odiándonos unos a otros. Pero cuando Dios nuestro Salvador mostró su bondad y su amor por la humanidad, nos salvó, no porque nosotros hubiéramos hecho algo bueno sino porque tuvo compasión de nosotros. Nos salvó por medio del lavamiento por el cual el Espíritu Santo nos hace nacer de nuevo y vivir una nueva vida." Y también en 1 Pedro 1:18-19 (VP): "Dios les ha salvado de la vida inútil que heredaron de sus antepasados; y ustedes saben muy bien que el costo de esta salvación no se pagó con cosas que se acaban, como el oro o la plata, sino con la sangre preciosa de Cristo."

El Señor quiere salvarnos de la vida tonta y sin sentido que lleva la mayor parte de la gente. Ellos van y vienen, buscan ganar mucho dinero y fama, y divertirse todo lo posible. Ese es todo su deseo. Así descuidan las cosas verdaderamente valiosas, como la familia, el amor y el servicio a todos los que los rodean, el respeto a Dios y el ocuparse del espíritu. Sólo atienden las cosas de la tierra, que tienen muy poca importancia, y no se preparan para la eternidad.

Cuando mueren van a la condenación, porque jamás se han acercado a Dios, ni se han arrepentido de sus pecados, ni han recibido el perdón del Señor. No están listos para el futuro que les espera más allá de la muerte.

El Señor nos ha salvado de esa vida fatua para ocuparnos de su reino, para llevar la Palabra y la presencia de Cristo a la gente que está confundida y vive mal, pero al mismo tiempo sufre y quiere librarse de un destino tan triste. Vivimos en el mundo pero no somos del mundo (Juan 17:11, 14). Entonces no nos corresponde ni pensar ni actuar como si lo fuéramos. Dios nos ha salvado para vivir para Él en una forma nueva y distinta, llena de amor, de servicio y de alegría.

PREGUNTAS PARA LOS NIÑOS

- ¿Cómo vive la mayor parte de la gente?
- ¿Para qué nos ha salvado el Señor?
- ¿Cómo debe ser nuestra vida?

PARA LOS MÁS CHIQUITOS

Narre la historia del rico insensato de Lucas 12:15-21. Destaque que este hombre sólo vivió para ganar dinero y pasarlo bien. Nunca pensó en Dios ni en hacer el bien. Como resultado acabó en el infierno.

Miércoles

OBJETIVO: Que sepan que Cristo salva de una vida centrada en nosotros mismos

No hemos nacido para nosotros mismos sino para Dios. No podemos ocuparnos sólo de nuestras cosas, hacer lo que nos gusta y buscar únicamente nuestra propia felicidad. Debemos vivir para Dios y para los demás. El Señor Jesús dijo: "Si alguno me quiere seguir, debe olvidarse de sí mismo y seguirme aún a costa de su propia vida. Porque el que quiera salvar su vida, la perderá; pero el que pierda su vida por mi causa, la encontrará. Pues, ¿de qué le sirve al hombre ganar el mundo entero y perder su alma?" (Mateo 16:24-26, VP).

La naturaleza de Dios es amplia y generosa. Él siempre está dispuesto a dar y a darse. Colma a todos los seres humanos de sus bendiciones. Les da vida, salud, alimento, ropa y muchas otras cosas. No piensa en sí mismo sino en los demás. Como hijos suyos no podemos ser diferentes, volvernos egoístas y no querer compartir nada con nuestro prójimo.

Esto tiene que ver con la forma de ser de Satanás. Él es un ser egocéntrico, que únicamente piensa en sí mismo. Es tan egoísta y malo que, por no quedarse solo, busca arrastrar a los hombres en su caída para que lo acompañen al infierno.

El centro de nuestra vida es Dios y no nosotros. Pablo dice en Gálatas 2:20 (VP): "Yo he muerto, crucificado junto con

Cristo; por eso ya no soy yo el que vive; es Cristo el que vive en mí. La vida que yo vivo en el cuerpo, la vivo por medio de mi fe en el Hijo de Dios, que me amó y se entregó a la muerte por mí." Morir con Cristo significa dejar de atender mis propios intereses personales, no estar preocupado por beneficiarme siempre y en toda circunstancia, y ocuparme de las cosas de Él, de su reino y de los que me rodean. Cristo vivió para la gente y murió por la gente.

Él quiere que nosotros también estemos dispuestos a dar la vida por los demás. Que dejemos de pensar en nosotros mismos y nos entreguemos a servir a otros. "Cristo murió por todos, para que los que viven ya no vivan para ellos mismos, sino para él, que murió y resucitó por ellos" (2 Corintios 5:15, VP). Cuando perdemos la vida (es decir vivimos para otros), entonces la ganamos, porque se vuelve muy productiva y sirve para bendecir a las personas.

PREGUNTAS PARA LOS NIÑOS

- ¿A quién pertenecemos?
- ¿Para quiénes debemos vivir?
- ¿Cuál es la actitud de Dios? ¿Cuál la de Satanás?

PARA LOS MÁS CHIQUITOS

Narre la historia de Zaqueo que aparece en Lucas 19:1-10. Destaque que él, que antes cobraba impuestos excesivos para beneficiarse a sí mismo, al encontrarse con Jesús cambió y estuvo dispuesto a devolver lo robado y hasta tres veces más. Se salvó del egoísmo.

Jueves

❦

OBJETIVO: Que sepan que Dios nos ha trasladado de la oscuridad a la luz

Cuando Dios llegó a nuestra vida nos encontró en oscuridad. Como no conocíamos al Señor, vivíamos en tinieblas, bajo el dominio de Satanás. Pero Dios es luz, y al venir a nosotros nos inundó con su claridad. Dice Colosenses 1:13 (VP): "Dios nos libró del poder de la oscuridad, y nos puso en el reino de su Hijo amado." ¡Qué preciosa realidad! Ya no pertenecemos a la oscuridad, donde se esconden el pecado, las angustias, los temores, la suciedad; sino que hemos sido trasladados a la luz del amor, la paz y la seguridad.

El Señor nos salva de la oscuridad que representa todo lo satánico. Y el diablo no tiene poder para volver a someternos a sus tinieblas. "Esta luz brilla en la oscuridad, y la oscuridad no ha podido apagarla" (Juan 1:5, VP). Estamos cubiertos por el poder de Dios. Se nos ha provisto una salvación completa y total.

PREGUNTAS PARA LOS NIÑOS

- ¿De qué nos ha librado Dios?
- ¿Dónde nos ha puesto?

- ¿Qué representan las tinieblas? ¿Qué representa la luz?
- ¿Quién vence, la luz o la oscuridad?
- ¿Puede Satanás volver a someternos a la oscuridad?

PARA LOS MÁS CHIQUITOS

Haga una narración acerca de Dios sacando a los hombres del reino de las tinieblas y llevándolos al reino de la luz. Señale que el rey de la oscuridad es Satanás, y explique cómo es él con la gente. Luego hable del rey de la luz, Jesús, y cómo nos recibe y trata cuando entramos a su reino. Mencione que el rey de la luz ha vencido al rey de las tinieblas y que éste jamás podrá volver a tomar las vidas que han sido rescatadas de sus manos.

Viernes

OBJETIVO: Que sepan que Cristo nos salva del infierno y nos compartirá su gloria

Todo el que ha entregado su vida a Jesucristo está predestinado a vivir con Él por la eternidad. Dios ha decidido adoptarlo como hijo y nombrarlo su heredero junto con Cristo. Esto le garantiza la salvación eterna de su alma. Por lo tanto, ha sido librado del infierno y de la condenación para siempre. Romanos 5:9 (VP) dice: "Y ahora, puestos ya en la debida relación con Dios por medio de la muerte de Cristo, con mucha más razón seremos librados del castigo final por medio de él."

El Señor Jesús nos libra de Satanás y nos salva del infierno cuando nos reconciliamos con Él.

Como nuestros pecados fueron perdonados y nuestra vida está limpia por la sangre de Cristo, Satanás no tiene derecho a reclamar nada de nosotros. Ya no somos más sus seguidores, así que no nos puede arrastrar con él a la perdición. Cristo nos ha comprado, nos ha hecho suyos y tiene todo derecho sobre nuestra vida. Es nuestro dueño, Señor, Salvador y Protector por toda la eternidad. ¡Aleluya!

PREGUNTAS PARA LOS NIÑOS

- ¿De qué nos libra Dios por la eternidad?
- ¿Puede Satanás arrastrarnos con él a la condenación? ¿Por qué?
- ¿Quién nos ha comprado?
- ¿A qué estamos predestinados?

PARA LOS MÁS CHIQUITOS

Narre acerca de Jesús el buen pastor, que da su vida por sus ovejas. Explique cómo las saca a pastar, las cuida de peligros y las trae de regreso. Y cómo nadie se las puede arrebatar. Están seguras en sus manos. Lea Juan 10:7-30.

Él las lleva al redil del mismo modo en que Dios nos llevará al cielo. Nadie lo impedirá, ni Satanás que nunca podrá conducirnos al infierno.

Segunda semana

Tema de la semana:

LA JUSTICIA DE DIOS
(Primera parte)

Lunes

❧❧

OBJETIVO: Que sepan que Dios es justo

Una de las cualidades más notables de Dios es su justicia. Esa forma de ser que lo lleva a dar a cada uno lo que le corresponde, a gobernar el universo con equidad, a hacer siempre lo debido, y nunca faltar al derecho ni a la razón.

Él es justo. Siempre lo ha sido y siempre lo será. Ni siquiera por un momento se aparta de la justicia, de la rectitud. "Justo eres tú, oh Señor, el que eres y que eras, el Santo" (Apocalipsis 16:5).

"Justo es Jehová en todos sus caminos", dice el rey David en el Salmo 145:17. Dios es la justicia misma en su total perfección. Por eso lo ha hecho todo bien y es capaz de gobernar eficazmente una creación tan vasta. Su trato es justo con todo ser creado, sean ángeles u hombres.

El hombre puede tener la seguridad de que siempre recibirá un trato justo del Señor. "Dios no hace acepción de personas" (Gálatas 2:6). No hay privilegiados ni olvidados. Dios trata por igual a todos.

Tampoco hay situaciones indebidas que Él acepte con tolerancia. "Dios traerá toda obra a juicio" (Eclesiastés 12:14). Él dice: "Enderezaré los lugares torcidos" (Isaías

45:2). Él no puede permitir la injusticia. Ni admitirá la falta de rectitud. Su justicia prevalece por sobre todo.

PREGUNTAS PARA LOS NIÑOS

- ¿Qué significa ser justo?
- ¿En qué circunstancias es justo Dios?
- ¿Puede aceptar Dios algún tipo de injusticia?

PARA LOS MÁS CHIQUITOS

Prepare una narración que tenga como figura central a un padre de varios hijos que da igual trato a todos, y no permite que ninguno saque ventaja sobre otro, abuse de él o sea malvado y cruel. Señale que de esta manera es Dios con nosotros. Para Él todos somos iguales y nos trata con justicia.

Martes

∽∾∽

OBJETIVO: Que sepan que la justicia de Dios no puede admitir el pecado

La justicia y la santidad de Dios fueron duramente ofendidas por el pecado del hombre. Cuando Adán pecó Dios no pudo seguir teniendo comunión, amistad con Él, sino que se alejó. El pecado es injusticia y como tal, Dios no lo puede tolerar. Por eso no podía seguir teniendo trato con el ser humano. Fue como si se hubiera levantado una pared, un muro de separación entre Dios y los hombres.

Adán, que antes se paseaba por el huerto del Edén en compañía del Señor, no volvió a percibir su presencia allí después de la caída.

Algo se había roto. Era la relación con el santo y justo Dios. Él ya no podía mirarlos. Los había echado fuera de su presencia.

El pecado es una cosa inmunda. Atenta contra la santidad y perfección de Dios. Jamás algo sucio ha entrado ni entrará en la presencia del Señor.

Los hijos de aquellas primeras personas heredaron la condición pecaminosa de sus padres, sin poder evitar el cometer pecado. Y también se vieron alejados de Dios. "Pues todos han pecado y están lejos de la presencia salvadora de Dios"

(Romanos 3:23, VP). "No hay nadie bueno, ni siquiera uno", dice Pablo en Romanos 3:10 (VP).

Así que todos, al llegar al mundo, nacimos en las mismas condiciones. Por lo tanto, no teníamos derecho a estar delante de Dios. Cosa terrible para el ser humano, que precisa de Dios como necesita del agua y del alimento.

Dios también sufría por esa situación, pues a pesar de nuestra maldad todavía nos amaba. PERO NO PODÍA DEJAR DE LADO SU JUSTICIA, Y SIMPLEMENTE PERDONAR A LOS REBELDES QUE HABÍAN DESOBEDECIDO SU MANDAMIENTO. Buscaba otra forma de restaurarnos.

PREGUNTAS PARA LOS NIÑOS

- ¿Qué sucedió con la relación entre Dios y el hombre a causa del pecado? ¿Por qué?
- ¿Algún hombre ha nacido bueno y justo?
- ¿Qué hace Dios con los pecadores?
- ¿Puede entrar alguna cosa sucia en la presencia de Dios?

PARA LOS MÁS CHIQUITOS

Continúe la narración acerca del mismo padre, al cual sus hijos desobedecen a tal punto que él no sabe qué hacer y decide no tolerar más esa situación. Ellos deben recibir un castigo. Explique que eso mismo es lo que Dios hace con los hombres. Señale que el padre se queda triste al tomar esa determinación y comienza a pensar en alguna forma de restaurar a sus hijos.

Miércoles

OBJETIVO: Que sepan que la justicia de Dios no se puede satisfacer sin que el pecado sea castigado

Dios no puede admitir el pecado. Él advirtió a Adán que la desobediencia sería castigada. "De todo árbol del huerto podrás comer; mas del árbol de la ciencia del bien y del mal no comerás; porque el día que de él comieres, ciertamente morirás" (Génesis 2:16-17).

El día en que él se rebeló y tomó del fruto, entró en estado de muerte espiritual. (Muerte es separación. En lo físico, separación entre el cuerpo y el alma. En lo espiritual, separación entre el hombre y Dios.)

Faltaba, sin embargo, una parte del castigo. Este se completaría con la muerte física.

DIOS HABÍA EMITIDO JUICIO: "LA PAGA DEL PECADO ES MUERTE" (Romanos 6:23).

Era irrevocable. No había otra forma de saldar la deuda: el hombre era reo de muerte.

La justicia de Dios no podía disculpar una falta tan grave. La rebelión iba a engendrar multitud de pecados posteriores. El Señor tampoco podía "hacer la vista gorda", es decir, pasarlo por alto. El ser humano debía pagar su culpa. "El alma que pecare, esa morirá" (Ezequiel 18:4).

¡Triste destino! Acabar en la destrucción. Porque "está establecido para los hombres que mueran una sola vez, y después el juicio" (Hebreos 9:27). Así que luego de una vida de pecado debían enfrentar el tribunal de Dios más allá de la muerte. ¿Cómo se justificarían? ¿Cómo escaparían del castigo eterno?

Mas Dios, por su gran amor hacia el ser humano, ideó un plan para satisfacer su justicia y a la vez dar al hombre una salida.

PREGUNTAS PARA LOS NIÑOS

- ¿Puede Dios permitir que el pecado no sea castigado? ¿Por qué?
- ¿Cuál es el castigo para el que peca?
- ¿Qué enfrentará el hombre después de la muerte?

PARA LOS MÁS CHIQUITOS

Continúe con la narración del padre y sus hijos. Las faltas cometidas por ellos son muy graves. Llegan al robo; el padre los echa de la casa. NO VOLVERÁ A RECIBIRLOS HASTA QUE DEVUELVAN LO ROBADO. No puede permitir que sean cada día más corruptos, mientras él continúa perdonando su maldad sin corregirlos. Señale que lo mismo hace Dios con nosotros.

Jueves

OBJETIVO: Que sepan que Cristo pagó la deuda que teníamos con Dios

La sentencia de Dios era irrevocable: "Sin derramamiento de sangre no se hace remisión [del pecado]" (Hebreos 9:22).

EL HOMBRE DEBÍA MORIR PARA SALDAR SU CUENTA. Pagaría con su vida su maldad. Pero no podría librarse de la condenación, porque no tendría ocasión de cambiar de vida, de arrepentirse, de obrar bien. Después de una trayectoria pecaminosa enfrentaría el tribunal de Dios para recibir sentencia de condenación eterna.

Dios no deseaba esto. Quería dar al hombre una segunda oportunidad. Brindarle la ocasión de que saldara su deuda antes de la muerte, para que tuviera luego la posibilidad de vivir en justicia y se salvara del infierno. Pero el hombre no tenía forma de pagar por su pecado sino muriendo. A MENOS QUE OTRO MURIERA EN SU LUGAR.

Pero ¿quién? Era necesario que fuera alguien sin pecados propios, que no tuviera que morir por sí mismo. Uno perfecto, santo y puro. Y el Padre pensó en su Hijo Jesús.

— Hijo, ¿quisieras ir a la Tierra para salvar a los hombres de una condenación segura? ¿Te atreverías a morir por ellos?

Será difícil. Yo te castigaré como si los estuviera castigando a ellos. Sobre tu persona cargaré el pecado de todo el mundo.

— Sí, Padre, yo iré. Pero ¿alcanzará mi solo sacrificio para cubrir la deuda que ellos tienen contigo?

— Sí, hijo. Mi justicia quedará satisfecha. Tu santidad es mayor que el pecado de toda la humanidad. Tu muerte bastará.

Jesucristo bajó a la tierra, vivió una vida perfecta, libre de pecado, y murió por los hombres. "Se entregó a la muerte por nuestros pecados, para librarnos de este mundo malo, según la voluntad de nuestro Dios y Padre" (Gálatas 1:4, VP).

Pablo lo expresó así en Romanos 5:6-8 (VP): "Pues cuando éramos incapaces de salvarnos a nosotros mismos, Cristo, a su debido tiempo, murió por los malos. No es fácil que alguien muera por otra persona, ni siquiera por una persona justa; aunque por una persona verdaderamente buena, puede ser que alguien esté dispuesto a morir. Pero Dios nos da pruebas de su amor, en que Cristo murió por nosotros aunque éramos todavía pecadores."

Fue el amor del Padre hacia nosotros el que lo llevó a sacrificar a su Hijo en nuestro lugar, con todo el dolor de su ser. Y el amor de Jesús fue el que lo hizo morir para salvarnos.

Una vez que Él murió, Dios lo resucitó con poder y nos abrió la puerta del cielo.

PREGUNTAS PARA LOS NIÑOS

- ¿Puede el hombre salvarse de la condenación eterna por sí mismo?
- ¿Qué hizo Cristo por nosotros?
- ¿Su sacrificio fue suficiente para salvar a todos los hombres de todas las épocas? ¿Por qué?
- ¿Sin qué cosa no es posible el perdón de los pecados?

PARA LOS MÁS CHIQUITOS

Continúe el relato del padre y sus hijos. Entre todos los hermanos hay uno que es muy bueno. Vive muchos años fuera del hogar trabajando para juntar dinero y comenzar una pequeña empresa. Cuando regresa, encuentra el triste cuadro de sus hermanos arrojados del hogar. Le informan que ellos están muy avergonzados, pero que no saben qué hacer. No tienen dinero para devolver lo mucho que le han robado al padre. Entonces el hermano bueno reúne todo su dinero, los manda a llamar y juntos se presentan delante del padre. Dice: "Papá, ellos están arrepentidos, pero no tienen con qué pagarte. Acepta que yo pague por ellos y recíbelos de nuevo en casa." Comienzan una nueva vida. Lo mismo hace Dios con nosotros. Jesucristo, nuestro hermano mayor, pagó nuestra deuda.

Viernes

OBJETIVO: Que sepan que Dios nos justifica a través de Cristo

DIOS PERDONA NUESTROS PECADOS NO POR- QUE ES BUENO, SINO PORQUE ES JUSTO. Él no va a castigar dos veces el mismo pecado. Y Cristo ya recibió el castigo en nuestro lugar.

No obstante, hay un requisito para que Dios nos perdone: acercarnos a Él arrepentidos y aceptar el sacrificio de Cristo por nosotros. Debemos creer en Jesús y aceptarlo como Señor de nuestra vida. "Si con tu boca reconoces a Jesús como Señor, y en tu corazón crees que Dios lo resucitó de la muerte, serás salvado" (Romanos 10:9, VP).

Porque, a menos que Él gobierne nuestro ser, volveremos a llevar una vida de pecado. Sólo Él, por el poder del Espíritu Santo, nos da vida eterna. "Pues la ley del Espíritu que da vida por medio de la unión con Cristo Jesús, me ha libertado de la ley del pecado y de la muerte" (Romanos 8:2, VP).

DIOS NOS JUSTIFICA EN CRISTO. ESTO SIGNI- FICA QUE NOS VE JUSTOS A TRAVÉS DE ÉL. También incluye el hecho de que nos vuelve a hacer justos por medio de su gracia, es decir, que nos retrotrae a la condición en la que estábamos antes de la caída por causa del pecado. Por el auxilio del Espíritu Santo podemos llevar una vida de justicia.

PREGUNTAS PARA LOS NIÑOS

- ¿Dios nos perdona porque es bueno o porque es justo?
- ¿Castiga dos veces el mismo pecado?
- ¿A quién castigó en nuestro lugar?
- ¿Qué significa ser justificados?

PARA LOS MÁS CHIQUITOS

Continúe con la historia del padre y sus hijos. Uno de los hijos se niega a aceptar que su hermano pague por él. Quiere hacer las cosas por sí mismo y como no tiene dinero, prefiere alejarse para siempre del hogar, en lugar de aceptar con humildad el regalo que con tanto sacrificio le hace su hermano. Se va mientras los otros quedan disfrutando los beneficios del hogar. Así hacen muchos hombres, que prefieren alejarse de Dios el Padre, en lugar de humillarse y aceptar su perdón.

Tercera semana

Tema de la semana:

LA JUSTICIA DE DIOS
(Segunda parte)

Lunes

❦

OBJETIVO: Que sepan que Dios nos ha llamado a la justicia y a la equidad

Durante toda una semana hemos considerado la justicia de Dios y lo que ella ha obrado en nuestro favor. Ahora vamos a meditar acerca de cómo debe manifestarse en nuestra vida esta cualidad que el Señor considera fundamental en el carácter de cada uno de sus hijos.

Son tantas las veces que aparece la palabra "justicia" y sus sinónimos (rectitud, integridad y otros), que no podemos ignorar la gran importancia que Dios le concede a esta virtud. Prácticamente no se puede concebir que haya un cristiano que no la posea. Y la presencia de este rasgo del carácter en cualquier persona la vuelve digna y respetada por todos los que la conocen.

No podemos hablar de amor al prójimo y respeto, si no van acompañados de justicia. Porque es el sentido de justicia el que nos hace ser ecuánimes. Si no somos justos, con mucha facilidad ignoramos los derechos de los demás para procurar nuestro propio beneficio.

Ser justo es ser equilibrado. Es apreciar y considerar al que se tiene enfrente, no tomando lo que es suyo. Más aún, buscando su beneficio.

La justicia nos libra de la codicia, porque nos impide obtener lo que no nos corresponde. La justicia limpia y endereza nuestra vida. Nos hace más parecidos a Jesucristo. Nos vuelve generosos y nobles.

Ser justos no es una opción, es una demanda clara del Señor: "Ni tampoco presentéis vuestros miembros al pecado como instrumentos de iniquidad, sino presentaos vosotros mismos a Dios como vivos de entre los muertos y VUESTROS MIEMBROS A DIOS COMO INSTRUMENTOS DE JUSTICIA" (Romanos 6:13).

Dios quiere acabar definitivamente con la injusticia en nuestra vida. El apóstol Pedro dice que Jesús "llevó él mismo nuestros pecados en su cuerpo sobre el madero, para que nosotros, estando muertos a los pecados, vivamos a la justicia" (1 Pedro 2:24).

PREGUNTAS PARA LOS NIÑOS

• ¿Qué importancia le concede Dios a la justicia en la vida de sus hijos? ¿Por qué?
• Señale algunos de los cambios que la justicia opera en nuestra vida.

PARA LOS MÁS CHIQUITOS

Narre acerca de un niño que va a la librería a comprar un cuaderno y lápices. El librero se equivoca en el vuelto y le da dinero de más. El niño lo nota y titubea: "¿Le devuelvo el dinero o me compro caramelos?"

Pregúntele al niño o niña qué haría él. Luego continúe la narración diciendo que el niño siente que no puede quedarse con lo que no es suyo. Sería injusto y le desagradaría a Dios. Devuelve el dinero y se siente más contento que si hubiera comprado los caramelos.

Martes

❧❧❧

OBJETIVO: Que sepan que Dios ha dado preciosas promesas para el que vive en justicia

Dios ama tanto la justicia que ha prometido cosas muy valiosas al que vive justamente. Mencionaremos algunas:

"Jehová es justo, y ama la justicia; el hombre recto mirará su rostro" (Salmo 11:7). Dios nos promete su presencia muy real en nuestra vida. Mirar su rostro equivale a decir que tendremos acceso a su amistad.

"La boca del justo habla sabiduría, y su lengua habla justicia. La ley de su Dios está en su corazón; por tanto, sus pies no resbalarán" (Salmo 37:30-31). La justicia nos librará de caer en pecado. Nos guardará del mal.

"Jehová no dejará padecer hambre al justo" (Proverbios 10:3). El Señor va a premiar al que vive en rectitud.

"El que sigue la justicia y la misericordia hallará la vida, la justicia y la honra" (Proverbios 21:21). Larga vida y reconocimiento aún de parte de los inconversos vendrán como resultado de vivir justamente.

"Tú, oh Jehová, bendecirás al justo; como con un escudo lo rodearás de tu favor" (Salmo 5:12). El hombre recto será especialmente favorecido por el Señor.

"Dios está con la generación de los justos" (Salmo 14:5). "Los ojos de Jehová están sobre los justos, y atentos sus oídos al clamor de ellos. Claman los justos y Jehová los oye, y los libra de todas sus angustias" (Salmo 34:15, 17). "El justo florecerá como palmera; . . . plantados en la casa de Jehová, en los atrios de nuestro Dios florecerán. Aún en la vejez fructificarán; estarán vigorosos y verdes" (Salmo 92:12-14).

¡Y tantas otras promesas! Sólo basta abrir la Biblia y leerla para encontrarnos con ellas. Son todas para nosotros si andamos en justicia.

PREGUNTAS PARA LOS NIÑOS

- ¿Cuál de estas promesas te ha llamado más la atención?
- ¿Qué debemos hacer para que todas estas promesas sean nuestras?

PARA LOS MÁS CHIQUITOS

Narre sobre una mamá que da a sus hijos unas cuantas instrucciones acerca de su comportamiento. Enumere algunas. Todas ellas están dirigidas a lograr que sean buenos niños. Al ver que ellos se esfuerzan por cumplirlas y se portan muy bien, la madre se llena de alegría y dice: "¡Estos niños merecen un premio!" Así que compra un buen regalo para cada uno. Dios también nos premia cuando nos esforzamos por obedecer sus mandamientos y llevar una vida recta.

Miércoles

OBJETIVO: Que sepan que Dios va a castigar toda injusticia

Como Dios es justo, no puede pasar por alto la injusticia. Nos ordena que tengamos cuidado con lo que hacemos, porque Él castigará toda injusticia.

"Dios está airado contra el impío todos los días" (Salmo 7:11).

"Porque la ira de Dios se revela desde el cielo contra toda impiedad e injusticia de los hombres que detienen con injusticia la verdad" (Romanos 1:18).

Dios no puede tolerar ninguna forma de injusticia, no sólo en el inconverso sino tampoco en el creyente. Por eso nos dice en Ezequiel 33:12-20: "La justicia del justo no lo librará el día que se rebelare; y la impiedad del impío no le será estorbo el día que se volviere de su impiedad; y el justo no podrá vivir por su justicia el día que pecare. Cuando yo dijere al justo: De cierto vivirás, y él confiado en su justicia hiciere iniquidad, todas sus justicias no serán recordadas, sino que morirá por su iniquidad que hizo. Y cuando yo dijere al impío: De cierto morirás; si él se convirtiere de su pecado, e hiciere según el derecho y la justicia, si el impío restituyere la prenda, devolviere lo que hubiere robado, y caminare en los estatutos de la vida, no haciendo iniquidad, vivirá ciertamente y no morirá. No se le recordará ninguno de sus pecados que había cometido; hizo según el derecho y la justicia; vivirá ciertamente . . . Yo os juzgaré, oh casa de Israel, a cada uno conforme a sus caminos."

De la misma manera que Dios promete bendición sobre el justo y su descendencia, también enviará maldición sobre el injusto y su posteridad. "Ni tengas envidia de los que hacen iniquidad, porque como hierba serán pronto cortados, y como la hierba verde se secarán . . . Jehová ama la rectitud, y no desampara a sus santos . . . mas la descendencia de los impíos será destruida . . . Considera al íntegro, y mira al justo; porque hay un final dichoso para el hombre de paz. Mas los transgresores serán todos a una destruidos; la posteridad de los impíos será extinguida" (Salmo 37:1,2,28,37,38).

El Señor está decidido a bendecir y establecer a las familias de sus hijos que viven en justicia y santidad, pero ha determinado erradicar a los malos e injustos. Por eso las familias de ellos no prosperarán. Ellos son objeto del juicio de Dios. Aunque parezcan familias florecientes, de repente les sobreviene la ruina y la calamidad.

Esto debe ser un llamado de atención para que velemos sobre nuestra vida, especialmente sobre las intenciones más íntimas de nuestro corazón y nos apartemos de toda maldad. Cuando andamos en rectitud, la bendición de Dios está asegurada.

Una palabra para los padres: Tengamos en cuenta que cuando permitimos cualquier tipo de injusticia en nuestra vida, no sólo nos colocamos fuera de la cobertura de Dios, sino que también estamos dejando de proteger a nuestros hijos, y la familia entera queda expuesta al juicio de Dios. Amemos profundamente la justicia y la rectitud.

PREGUNTAS PARA LOS NIÑOS

- ¿Qué consecuencias trae la injusticia en la vida del inconverso?

- ¿Castiga Dios la injusticia cometida por sus hijos? ¿De qué manera?

PARA LOS MÁS CHIQUITOS

Narre acerca de la vecina de la mamá anterior que también instruye a sus hijos para que se comporten correctamente. Enumere algunos de sus mandatos. Los niños, sin embargo, hacen lo que quieren. La madre afectada por el mal comportamiento de ellos decide corregirlos severamente para que cambien. Dios hace lo mismo con nosotros para que nos arrepintamos. (La corrección de Dios siempre va dirigida a restaurar al hombre. Cuando no obtiene respuesta entonces es seguida de juicio. Él siempre da una oportunidad primero.)

Jueves

OBJETIVO: Que sepan que la integridad nos conduce a la justicia

En esto de vivir justamente, hay una palabra clave: integridad. Íntegro quiere decir entero, que tiene todas sus partes. Y eso es precisamente lo que el Señor desea; que seamos personas completas, que entreguemos todo nuestro ser a Él. Hay muchos que le dan sólo parte de sus vidas, pero no la totalidad. Y a causa de eso luego caen en pecado.

Todas aquellas esferas que no han sido puestas en sus manos, permanecen bajo la influencia de Satanás. Y él asedia hasta que nos hace caer. Los aspectos de la vida que no están bajo el control del Espíritu Santo se constituyen en nuestros puntos flojos. Es allí donde somos vulnerables. Y no podemos alcanzar una total rectitud y justicia delante de Dios. Y estos "baches" luego se extienden (Satanás procura ensanchar su territorio en nosotros) hasta carcomer toda la vida.

Por ejemplo, si somos personas ambiciosas y no entregamos esa esfera de nuestro ser a Dios, la codicia se irá posesionando de nosotros y nos llevará a cometer actos de injusticia para obtener el dinero que deseamos.

Satanás se atrinchera tras ese deseo desordenado, impulsándonos a pecar en esa esfera. Lo mismo ocurre con otros aspectos como el sexo, el afán de gloria, la holgazanería, etc.

Debemos presentarle a Dios nuestro ser completo, para que Él quite lo que está mal y nos ponga en orden. No podemos guardar en un rincón del corazón algún pecado favorito al que no estamos dispuestos a renunciar, porque será ese pecado el que nos llevará a la destrucción. Dios nos quiere suyos por completo.

De otra forma, seremos como una mesa de cuatro patas a la que le falta una. Aunque por momentos se sostiene, en cuanto alguien la roza o se apoya en ella, se cae. Necesita sus cuatro patas para poder estar de pie. Lo mismo sucede con nosotros. Precisamos tener todas las cualidades de carácter que el Señor quiere poner en nosotros. Para eso, en primer lugar Él tiene que quitar todos nuestros pecados, vicios y debilidades.

Pregunta el salmista David: "Jehová, ¿quién habitará en tu tabernáculo? ¿Quién morará en tu monte santo?" Dios responde: "El que anda en integridad y hace justicia, y habla verdad en su corazón" (Salmo 15:1-2). Sólo el íntegro podrá estar en la presencia del Señor.

PREGUNTAS PARA LOS NIÑOS

- ¿Qué significa ser íntegros?
- ¿Cuáles esferas de nuestra vida tenemos que entregar al Señor?
- ¿Qué cosas tiene que quitar Dios de nuestra vida? ¿Cuáles tiene que colocar?

PARA LOS MÁS CHIQUITOS

Narre la historia de una niñita a la que su mamá le manda llevar una cestita de ciruelas a una amiga. La niña decide guardarse algunas. Así que se pone tres en el bolsillo de su vestido. Regresa a la casa y para que la mamá no se dé cuenta, deja las ciruelas en el bolsillo. Al rato descubre que una gran mancha roja ha estropeado su vestido nuevo. Si hubiera entregado todas las ciruelas, no hubiera arruinado su ropa.

De la misma manera pasa con nosotros cuando queremos esconder cosas de Dios. Se nos mancha el corazón. Tenemos que darle toda nuestra vida y contarle todas nuestras cosas para mantenernos limpios.

Viernes

❦❦

OBJETIVO: Que sepan que Jesús es nuestro ejemplo para vivir en justicia

Cómo vivir una vida justa? Parece un poco difícil. ¡Hay tantos aspectos diferentes! ¿Cómo hacer para actuar con justicia en todos ellos?

El ejemplo de Jesucristo es la respuesta. Él dijo de sí mismo cuando iba a ser bautizado: "Así conviene que cumplamos toda justicia." Y la cumplió siempre.

Él sabía que no iba a ser fácil para nosotros, por eso nos dejó enseñanza clara sobre todas las esferas de la vida. Y luego dio mandamientos concretos para que obedeciéndolos pudiéramos vivir en justicia y santidad. Ahora para nosotros es sólo cuestión de conocer las palabras de Jesús y obedecerlas. Cuando lo hacemos, con toda sencillez, descubrimos que la vida cristiana no es complicada y que todos podemos. No hace falta ser muy sabio ni muy inteligente. Sólo conocer los mandamientos de Jesús y cumplirlos. E imitar su forma de actuar.

Esto nos lleva a la necesidad de leer los Evangelios. Debemos hacerlo con frecuencia. De esta manera no olvidaremos nada de lo que Jesús enseñó y ordenó. También las epístolas (cartas) de los apóstoles nos ayudan, ya que ellos vivieron tres años con el Señor, y Él les mandó que hicieran discípulos a todas las naciones, "enseñándoles que guarden todas las cosas que os he mandado" (Mateo 28:19). Necesitamos la lectura diaria de la Palabra del Señor para asegurarnos de hacer las cosas bien.

También contamos con la ayuda del Espíritu Santo que vive en nosotros, nos hace entender las cosas de Dios y nos da el poder para vivirlas.

PREGUNTAS PARA LOS NIÑOS

- ¿Qué cosas nos ayudan a vivir en justicia?
- ¿Quién es nuestro ejemplo?
- ¿Dónde podemos encontrar las enseñanzas y mandamientos de Jesús?
- ¿Quién nos hace entender las cosas de Dios?

PARA LOS MÁS CHIQUITOS

Relate sobre una mamá que le manda a su hija que haga una torta. La chica empieza a preocuparse porque nunca antes la ha hecho. Se pregunta qué tiene que poner y cómo realizar la preparación. Por un buen rato se preocupa, hasta que por último su mamá la tranquiliza: "No hace falta que te preocupes, yo voy a decirte qué ingredientes debes colocar, y también te mostraré cómo se hace." La niña se pone contenta. Así le es fácil hacer la torta. Lo mismo sucede con nosotros. No tenemos que preocuparnos pensando cómo hacer siempre lo que le agrada a Dios. Jesús nos enseña todo lo que debemos hacer y también nos da el ejemplo de cómo hacerlo.

Cuarta semana

Tema de la semana:

LA COMPASIÓN, LA MISERICORDIA Y LA PACIENCIA DE DIOS

Lunes

OBJETIVO: Que sepan que Dios tiene compasión de nosotros

Cuando Dios mira desde el cielo la condición humana, sufriente y dolorida, siente compasión por el hombre. Siente dolor y sufre juntamente con él. No es insensible, sino tierno y compasivo. Se entristece al verlo en situaciones difíciles. Busca ayudarlo, consolarlo. "El Señor es muy misericordioso y compasivo" (Santiago 5:11).

El ser humano, por su alejamiento de Dios, se mete en problemas, crea circunstancias de peligro o de amenaza para sí mismo o para sus semejantes. Se lastima y lastima. Y muchas veces odia y destruye. Dios lo ve y se apena por esto. Él desea fervientemente que el ser humano deje sus malos caminos y se arrepienta para poder salvarlo, sanarlo, devolverle la alegría. El Señor jamás es indiferente al dolor.

Y es especialmente amoroso hacia nosotros, los que creemos en Él. "Como el padre se compadece de los hijos, se compadece Jehová de los que le temen" (Salmo 103:13). Somos sus hijos muy queridos. Él conoce todos nuestros sufrimientos y se ocupa de nuestra situación. La Biblia dice: "¿Se olvidará la mujer de lo que dio a luz, para dejar de compadecerse del hijo de su vientre? Aunque olvide ella, yo nunca me olvidaré de ti" (Isaías 49:15).

Jesús, en su caminar por la tierra, fue movido a compasión muchas veces. La Biblia dice: "Y al ver las multitudes, tuvo compasión de ellas; porque estaban desamparadas y dispersas como ovejas que no tienen pastor" (Mateo 9:36). Y antes de alimentar a los cinco mil: "Saliendo Jesús vio una gran multitud, y tuvo compasión de ellos, y sanó a los que de ellos estaban enfermos" (Mateo 14:14). También ante la viuda de Naín, cuando llevaba a sepultar a su único hijo: "Cuando el Señor la vio, se compadeció de ella, y le dijo: No llores. Y acercándose, tocó el féretro . . . Entonces se incorporó el que había muerto, y comenzó a hablar. Y lo dio a su madre" (Lucas 7:13-15).

Jamás pensemos que Dios está distante, que se ha olvidado de nosotros o que no se interesa por nuestros problemas. Él está muy cerca y nos ama.

PREGUNTAS PARA LOS NIÑOS

- ¿Qué actitud tiene Dios frente al dolor del hombre?
- ¿En qué se manifiesta su compasión?
- ¿Él siente compasión por todos los hombres o sólo por los cristianos?
- ¿Permanece Dios indiferente ante nuestros problemas?

PARA LOS MÁS CHIQUITOS

Narre la historia de la resurrección del hijo de la viuda de Naín que aparece en Lucas 7:11-17. Preferiblemente nárrela, no la lea. Use la Versión Popular. Destaque la compasión de Jesús, que es la misma que siente por nosotros.

Martes

OBJETIVO: Que sepan que también nosotros debemos compadecernos de nuestro prójimo

La clave de la compasión es el amor. Jamás sentiremos compasión por la gente si somos indiferentes. Porque es precisamente la indiferencia la que se contrapone al amor. Algunos piensan que el odio es lo opuesto al amor. Puede ser cierto en alguna medida, pero la indiferencia está mucho más alejada de él que el mismo odio. Porque implica permanecer ajenos al dolor del otro. No interesarnos en lo más mínimo por su suerte. Quedar impasibles ante su necesidad.

La indiferencia es terriblemente destructiva de las relaciones humanas. Hace que una persona pueda sentirse absolutamente sola y desamparada en medio de la multitud.

Compadecerse no es sencillamente sentir lástima por alguien, sino sufrir junto a él, ponerse a su lado. Precisamente a eso nos llama el Señor. De nada vale hablarle del amor de Dios a la gente si no estamos dispuestos a llorar con ellos, a compartir sus sufrimientos.

Jesús es nuestro mejor ejemplo y modelo. Después de la muerte de su amigo Lázaro, Él fue a ver a sus hermanas. Una de ellas le salió al encuentro y se arrojó a sus pies. Dice la Biblia que: "Jesús entonces, al verla llorando, y a los judíos que la acompañaban, también llorando, SE ESTREMECIÓ EN ESPÍRITU Y SE CONMOVIÓ, y dijo: ¿Dónde le pusisteis? Le dijeron: Señor, ven y ve. JESÚS LLORÓ. Dijeron entonces los judíos: Mirad cómo le amaba" (Juan 11:33-36).

Antes de hacer algo para solucionar la situación, Él amó y se compadeció de aquellos que estaban sufriendo. Se conmovió hasta el llanto, un llanto de hondo dolor. Compartió la angustia de aquel momento, al punto de que quienes lo rodeaban exclamaron: "¡Mirad cómo le amaba!" De esta forma tenemos que acercarnos a cualquier persona. Con interés, con amor, con profunda compasión.

PREGUNTAS PARA LOS NIÑOS

- ¿Cuál es la clave de la compasión? ¿Por qué?
- ¿Qué es la indiferencia?
- ¿Qué daño causa a las relaciones humanas?
- ¿Cómo fue el dolor de Jesús frente a la muerte de Lázaro?

PARA LOS MÁS CHIQUITOS

Narre la historia de la muerte y resurrección de Lázaro que aparece en Juan 11:1-44 (use la Versión Popular). Destaque que Jesús antes de efectuar el milagro de resucitarlo tuvo amor y compasión por él y su familia.

Miércoles

OBJETIVO: Que sepan que Dios hace misericordia con nosotros

Es interesante notar en la Biblia expresiones como: "hacer misericordia", "guardar misericordia" o "mostrar misericordia". Esto significa que Dios no solamente TIENE misericordia de nosotros, sino que va más allá, a la acción. Su sentimiento de compasión lo impulsa a obrar a nuestro favor.

La misericordia es una emoción que motiva a la acción. Por eso vemos a Dios actuar donde hay dolor, sufrimiento, confusión. Él procura brindar alivio al alma angustiada. Socorrer al necesitado. Ayudar al que ya no puede más. La palabra misericordia aparece cientos de veces en las Escrituras. Porque Dios no permanece quieto e impasible mientras el mundo se sume en la desesperación. Él obra siempre que encuentra un corazón receptivo a recibir su amor.

Él dice de sí mismo: "Que hago misericordia a millares, a los que me aman y guardan mis mandamientos" (Deuteronomio 5:10). Él no se cansa de hacer misericordia, y sobre todo a sus hijos que le obedecen.

Salomón exclama: "Jehová Dios de Israel, no hay Dios como tú, ni arriba en los cielos, ni abajo en la Tierra, que guardas el pacto y la misericordia, a tus siervos, los que andan delante de ti con todo su corazón" (1 Reyes 8:23).

En el Salmo 33:5 dice: "De la misericordia de Jehová está llena la tierra." Y en 2 Crónicas 7:3: "Porque él es bueno, y su misericordia es para siempre."

Cuando miramos hacia atrás en nuestra vida, también tenemos que exclamar: "¡Porque para siempre es su misericordia!"

PREGUNTAS PARA LOS NIÑOS

- ¿Por qué aparecen en la Biblia expresiones como "hacer misericordia", "guardar misericordia" o "mostrar misericordia"?
- ¿Es la misericordia tan sólo un sentimiento?
- ¿En qué cosas o situaciones vemos la misericordia de Dios?

PARA LOS MÁS CHIQUITOS

Narre la historia de la salida del pueblo de Israel de Egipto y en qué forma Dios los condujo durante cuarenta años, proveyéndoles de maná y de agua en medio del desierto. Señale que Dios cuidó de ellos permanentemente. Su ropa y su calzado no envejecieron, ni se gastaron. Todo fue obra del amor y la misericordia de Dios.

Jueves

OBJETIVO: Que sepan que también tenemos que ser misericordiosos con nuestro prójimo

Hemos sido llamados a ser a la imagen de Jesús. Él nos fue ejemplo de misericordia y bondad. No hay nada que no haya hecho por ayudarnos y bendecirnos. Hasta dar su vida en rescate por la nuestra.

Él quiere que este mismo sentir impregne nuestra vida. Que deseemos ayudar a quien nos necesita. El primer paso es sentir compasión, compartir su dolor, llorar con él. El segundo es ver qué podemos hacer para aliviar su sufrimiento o consolarlo.

Sin sentir compasión y hacer misericordia, la obra de Dios no progresa.

Jesús mismo nos enseña cómo debemos ser en este aspecto de nuestra vida:

"Y he aquí un intérprete de la ley se levantó y dijo, para probarle: Maestro, ¿haciendo qué cosa heredaré la vida eterna? Él le dijo: ¿Qué está escrito en la ley? ¿Cómo lees? Aquél, respondiendo dijo: Amarás al Señor tu Dios con todo tu corazón, y con toda tu alma, y con todas tus fuerzas, y con toda tu mente; y a tu prójimo como a ti mismo. Y le dijo: Bien has respondido; haz esto, y vivirás. Pero él, queriendo justificarse a sí mismo, dijo a Jesús: ¿Y quién es el prójimo? Respondiendo Jesús, dijo: Un hombre descendía de Jerusalén a Jericó, y cayó en manos de ladrones, los cuales le despojaron; e hiriéndole, se fueron dejándolo medio muerto. Aconteció que descendió un sacerdote por aquel camino, y viéndole, pasó de largo. Asimismo un levita, llegando cerca de aquel lugar, y viéndole, pasó de largo. Pero un samaritano, que iba de camino, vino cerca de él, y viéndole, FUE MOVIDO A MISERICORDIA; y acercándose, vendó sus heridas, echándoles aceite y vino; y poniéndole en su cabalgadura, lo llevó al mesón, y cuidó de él. Otro día al partir, sacó dos denarios, y los dio al mesonero, y le dijo: Cuídamele; y todo lo que gastes de más, yo te lo pagaré cuando regrese. ¿Quién, pues, de estos tres te parece que fue el prójimo del que cayó en manos de los ladrones? Él dijo: EL QUE USÓ DE MISERICORDIA CON Él. Entonces Jesús le dijo: VE, Y HAZ TÚ LO MISMO" (Lucas 10:25-37)

Esta es la palabra de Jesús hoy para nosotros: Vayan y hagan lo mismo. Si los cristianos no hacemos misericordia, ¿quién la hará?

PREGUNTAS PARA LOS NIÑOS

- ¿Cómo tenemos que ser con nuestro prójimo?
- ¿Quién es nuestro ejemplo?
- ¿En qué nos es ejemplo Jesús?
- ¿Qué sintió el samaritano por el herido? ¿Qué hizo por él?
- ¿Cuál es el mandato del Señor para nosotros hoy?

PARA LOS MÁS CHIQUITOS

Narre la historia del buen samaritano que aparece en Lucas 10:30-35 (use la Versión Popular). Destaque que la compasión llenó el corazón del samaritano y le llevó a mostrar misericordia al herido. Dios quiere que nosotros seamos como el samaritano.

Viernes

꘎

OBJETIVO: Que sepan que Dios, además de compasivo y misericordioso, es paciente con las personas

Además de compasivo y misericordioso, el Señor es paciente con todos los hombres, sean cristianos o inconversos.

Cuando observamos la maldad en la que viven muchas personas, nos preguntamos cómo es que Dios lo soporta y no envía juicio sobre ellas. La razón es su gran amor. Él ama a cada ser humano y quiere su bien. No desea su destrucción. Por eso tiene paciencia con ellos. Él espera que el hombre recapacite, se arrepienta, se vuelva a Él.

En 2 Pedro 3:9 dice: "El Señor no retarda su promesa, según algunos la tienen por tardanza, sino que ES PACIENTE PARA CON NOSOTROS, no queriendo que ninguno perezca, sino que todos procedan al arrepentimiento." Y en el versículo 15 agrega: "Tened entendido que LA PACIENCIA DE NUESTRO SEÑOR ES PARA SALVACIÓN."

Un día Él castigará a los malos. Porque Dios ve el pecado y no le resta importancia. Pero es paciente por un tiempo, para darles oportunidad de apartarse de su injusticia.

También ésta debe ser nuestra actitud para con los hermanos en la fe. Ninguno ha alcanzado aún la perfección.

Cuando encontramos en ellos cosas que nos molestan, tengamos gracia y seamos pacientes; esperemos que Dios los vaya transformando y perfeccionando. Recordemos que también nosotros tenemos cosas que fastidian a otros. El Señor obra en todos para hacernos iguales a Jesús, y tiene gran paciencia con nosotros en el proceso de santificación en el que estamos.

Dios dice: "Con amor eterno te he amado; por tanto, te prolongué mi misericordia" (Jeremías 31:3). Prolongar la misericordia significa precisamente tener paciencia. Tengámosla también nosotros con los demás.

PREGUNTAS PARA LOS NIÑOS

- ¿Cuál es el fin de la paciencia de Dios?
- ¿Con quiénes debemos ser pacientes?
- ¿Qué logramos siendo pacientes con los hermanos?

PARA LOS MÁS CHIQUITOS

Narre la historia de Jonás que aparece en el libro del mismo nombre. Resalte que Dios amaba a toda esa gente malvada y le daba lástima destruirla. Por eso tuvo un tiempo de paciencia y luego mandó al profeta para que les hablara y se arrepintieran. Fue una gran alegría para Él que ellos dejaran sus malos caminos.

Quinta semana

Tema de la semana:

LA FIDELIDAD DE DIOS

Lunes

OBJETIVO: Que sepan que Dios es fiel

A pesar de que la palabra "fiel" se usa mucho, es probable que la mayoría de nosotros no alcancemos a captar la totalidad de su significado. Según el diccionario, fiel es alguien leal, exacto, verdadero.

En Deuteronomio 7:9 leemos: "Conoce, pues, que Jehová tu Dios es Dios, Dios fiel, que guarda el pacto y la misericordia a los que le aman."

Una de las características principales de Dios Padre es su fidelidad, su veracidad. Él es confiable. Hace todo lo que ha dicho. Cumple todo lo que ha prometido. Jamás nadie ha sido ni será defraudado por Él.

¡Es absolutamente confiable! No cabe ni la más remota posibilidad de que Dios se olvide de ejecutar aquello a lo que se ha comprometido. Podemos descansar y esperar en Él con toda seguridad, sabiendo que a su tiempo recibiremos del Señor el cumplimiento de todas sus promesas.

Las Escrituras también nos dicen que Jesucristo es fiel. "He aquí un caballo blanco, y el que lo montaba se llamaba Fiel y Verdadero" (Apocalipsis 19:11). Como Hijo de Dios, Él posee su misma naturaleza y por lo tanto sus mismos rasgos de carácter. En todos los Evangelios vemos a Jesús actuando con fidelidad, con veracidad. Tal como el Padre.

PREGUNTAS PARA LOS NIÑOS

- ¿Qué significa la palabra fiel?
- ¿Cuántas promesas suyas ha dejado Dios de cumplir?
- ¿Podemos confiar en Dios? ¿Por qué?

PARA LOS MÁS CHIQUITOS

Narre la historia del nacimiento de Isaac que aparece en Génesis 12:1-3, 13:14-18, 15:1-7, 18:1-15 y 21:1-7. Lea estos pasajes y haga una síntesis. Destaque que pasaron muchos años desde que Dios le prometió a Abraham darle descendencia hasta que nació su hijo. Dios no se había olvidado. A su tiempo cumplió.

Martes

OBJETIVO: Que sepan que Dios es fiel a sí mismo

Dios es fiel con nosotros. Pero su fidelidad no comienza allí, sino mucho antes. Dios empieza por ser fiel a sí mismo. ¿Qué significa esto? Que Él asume total responsabilidad por sus palabras y acciones. Es decir, que no habla ni ejecuta nada acerca de lo cual no haya pensado y tomado una determinación. Dios no improvisa. No lanza palabras al viento sin haber previsto las consecuencias. Cuando Él habla o actúa, se trata de un asunto meditado, proyectado. Por eso puede mantenerse fiel a sus palabras. Hay carácter y fuerza en su forma de ser. Hay coherencia. Hay rectitud y firmeza. Nunca falta a una promesa, jamás quebranta un pacto, y mucho menos deja de ejecutar un juicio que ha pronunciado. Todo lo que sale de la boca de Dios es fiel y exacto. Y lo que Él se propone hacer lo hace. Es fiel a sus propósitos. Es fiel a sí mismo.

Esta forma de ser de Dios tiene que infundirnos confianza si vivimos en el Espíritu y obedecemos sus mandamientos. Pero si andamos fuera de su voluntad debemos sentir temor de Dios, ya que Él ejecutará justicia sobre nuestros actos pecaminosos. Dios es fiel, invariable, inmutable. Y Él "no tendrá por inocente al culpable" (Nahúm 1:3). La idea de estos pensamientos no es inspirar miedo o traer condenación, sino llevarnos al arrepentimiento, para enderezar la vida delante del Señor. "Si confesamos nuestros pecados, él es FIEL y justo para perdonar nuestros pecados, y limpiarnos de toda maldad" (1 Juan 1:9). "Dios no es como los mortales: no miente ni cambia de opinión. Cuando él dice una cosa, la realiza. Cuando hace una promesa, la cumple" (Números 23:19, VP).

PREGUNTAS PARA LOS NIÑOS

- ¿A quién es fiel en primer lugar Dios?
- ¿A qué cosa nunca falta Dios?
- ¿Cuál otra jamás quiebra?
- ¿Y cuál no deja de ejecutar?
- ¿Es bueno sentir temor de Dios?
- ¿De qué nos libra?

PARA LOS MÁS CHIQUITOS

Narre la historia de un padre que nunca deja de cumplir sus promesas. Pero antes de prometer algo lo piensa bien, para asegurarse de poder cumplir. A veces demora una semana en comprometerse. Un día sus hijos le piden una bicicleta muy cara. Después de hacer sus cuentas, les promete que para el siguiente verano la tendrán. Y cumple. Pasado un tiempo le piden que los lleve a un largo viaje. Hace sus cálculos y les dice que no puede comprometerse. Dios es así. Cuando promete cumple. Pero otras veces nos dice que no. Y es fiel a su palabra.

Miércoles

❧❧❧

**OBJETIVO: Que sepan que Dios quiere que
seamos fieles a nosotros mismos,
al igual que Él**

El Señor quiere que en nosotros se restaure su imagen, que lleguemos a ser semejantes a Él. También en el aspecto de la responsabilidad moral, para que nos volvamos personas confiables. Él desea que tengamos control sobre nuestras palabras y actos. Es necio hablar cuanto cruza por nuestra mente. Y más aún comprometernos a hacer cosas sin evaluar primeramente la situación y asegurarnos de que podemos cumplir.

Muchas veces decimos: Mañana voy a ayudarte con tus tareas, pero luego descubrimos que no nos da el tiempo y faltamos a nuestra palabra. Acordamos con alguien para encontrarnos a una determinada hora y aparecemos una hora después, o sencillamente no vamos. En otras ocasiones asumimos un trabajo y prometemos realizarlo cuidadosamente, pero pronto nos cansamos y terminamos haciéndolo de cualquier manera para salir del paso o lo abandonamos.

¡En cuántas ocasiones no somos confiables! ¡Cuántas veces nuestras aseveraciones son oídas con recelo o duda por parte de los demás!

Dios quiere transformarnos. Quiere que seamos fieles a nuestras propias palabras y conducta, así como Él es. Que hablemos la verdad y que la ejecutemos. Que nuestras palabras y acciones sean rectas, verdaderas, transparentes y confiables. Que nunca dejemos de cumplir nuestros compromisos. Que en nuestra relación con los demás seamos íntegros. Que la gente pueda confiar en nosotros. Como lo expresó Pablo: "¿Creen ustedes que yo hago mis planes como una persona del mundo que dice sí y no a la vez? Pero Dios es testigo de que nosotros no les decimos a ustedes sí y no al mismo tiempo. Porque Cristo Jesús, el Hijo de Dios . . . nunca decía sí y no a la vez. Con Cristo el mensaje siempre resulta verdad; pues en Él se cumplen todas las promesas de Dios. Por esto cuando alabamos a Dios, decimos 'Amén' por medio de Cristo Jesús" (2 Corintios 1:17-20, VP).

"Y todo lo que hacéis, sea de palabra o de hecho, hacedlo todo en el nombre del Señor Jesús" (Colosenses 3:17).

PREGUNTAS PARA LOS NIÑOS

- ¿En qué aspecto de nuestra vida quiere Dios transformarnos?
- ¿A quién debemos parecernos?
- ¿Qué debemos hacer antes de comprometernos a realizar alguna cosa?

PARA LOS MÁS CHIQUITOS

Continúe la narración de la familia. Uno de los hijos le pide al padre permiso para traer un perro a la casa con la promesa de atenderlo. Pero al pasar los días, la suciedad queda sin limpiar y el perro muchas veces anda hambriento y sin bañar. El padre reprende al hijo. Él argumenta que algunos días no tiene tiempo. El padre le dice que debió pensar en eso antes. Le insta a hacer como él, que evalúa todas las circunstancias antes de comprometerse. El muchacho lo hace y se da cuenta de que sólo podrá atender al perro tres días a la semana. Entonces habla con dos de sus hermanos y ellos aceptan asumir una responsabilidad compartida. Ahora el perro está muy bien cuidado y feliz. Igual que el padre de la historia, Dios quiere que aprendamos de Él.

Jueves

❦

OBJETIVO: Que sepan que Dios es fiel en su amor hacia su pueblo

La fidelidad del amor de Dios hacia nosotros es inmutable. No porque la merezcamos, sino porque Él ha decidido amarnos hasta el fin. En 2 Timoteo 2:13 Pablo dice: "Si fuéremos infieles, él permanece fiel; él no puede negarse a sí mismo." Eso explica su cuidado y el que tengamos protección. Aun cuando tengamos altibajos, Él es estable y firme, y nos tiene misericordia. Dice el Señor en Jeremías 31:3: "Con amor eterno te he amado; por tanto, te prolongué mi misericordia."

Cuando pecamos, Dios prolonga su misericordia para conducirnos al arrepentimiento antes de castigarnos. "El Señor no tarda su promesa [la de enviar juicio sobre los pecadores], según algunos la tienen por tardanza, sino que es paciente para con nosotros, no queriendo que ninguno perezca, sino que todos procedan al arrepentimiento . . . tened entendido que la paciencia de nuestro Señor es para salvación" (2 Pedro 3:9, 15). Dios es fiel. Nunca cambia. Lo que nos habló, hará. Como nos amó, nos seguirá amando. Y nos cuidará con fidelidad cada día, cada noche de nuestra vida. "Fiel es el Señor, que os afirmará y guardará del mal" (2 Tesalonicenses 3:3). Nos librará de la tentación. "Fiel es Dios, que no os dejará ser tentados más de lo que podéis resistir, sino que dará también juntamente con la tentación la salida, para que podáis soportar" (1 Corintios 10:13).

Su fidelidad nos acompañará hasta el fin de nuestros días. "La fidelidad de Jehová es para siempre. Aleluya." (Salmo 117:2).

PREGUNTAS PARA LOS NIÑOS

- ¿Qué actitud tiene Dios hacia nosotros cuando tenemos altibajos?
- ¿Cuánto tiempo nos acompañará su fidelidad?

PARA LOS MÁS CHIQUITOS

El padre de esta familia ama mucho a sus hijos, aun cuando no siempre se comporten correctamente. A veces alguno se porta mal. Otro desobedece. Otro desatiende sus obligaciones. Él los corrige con firmeza. Pero tiene paciencia hasta que se enmienden. Jamás deja de amarlos. Así es Dios con nosotros.

Viernes

OBJETIVO: Que sepan que Dios quiere que también le seamos fieles

En el mensaje a la Iglesia de Esmirna, el Señor dice: "Sé fiel hasta la muerte, y yo te daré la corona de la vida" (Apocalipsis 2:10). Y ese precisamente es el mensaje de Dios para nosotros. Dios espera nuestra fidelidad hacia Él y su reino. Nada puede ser más importante para nosotros que el Señor y su voluntad. Y nuestra mayor aspiración será poder serle fiel, aunque nos cueste, aunque debamos padecer y hasta morir por Él.

Me pregunto si estamos dispuestos a obedecer al Señor en todo. Especialmente cuando para hacerlo tengamos que dejar cosas que nos gustan o nos convienen. Ser fieles al Señor a veces va en contra de los propios intereses. Pero en ninguna otra cosa hallaremos mayor satisfacción ni realización que en servir a Dios. No solo recibiremos un galardón al llegar al cielo, sino que aquí, en la tierra, tendremos la felicidad incomparable de llevar una vida recta, aprobada por Dios.

"Misericordia y juicio cantaré; a ti cantaré yo, oh Jehová. Entenderé el camino de la perfección cuando vengas a mí. En la integridad de mi corazón andaré en medio de mi casa. No pondré delante de mis ojos cosa injusta. Aborrezco la obra de los que se desvían; ninguno de ellos se acercará a mí. Corazón perverso se apartará de mí; no conoceré al malvado. Al que solapadamente infama a su prójimo, yo lo destruiré; no sufriré al de ojos altaneros y de corazón vanidoso. Mis ojos pondré en los fieles de la tierra, para que estén conmigo; el que ande en el camino de la perfección, éste me servirá" (Salmo 101:1-6).

PREGUNTAS PARA LOS NIÑOS

* ¿Eres fiel a Dios?
* ¿Qué cosa produce la mayor satisfacción en la vida?
* ¿Cuesta el ser fiel a Dios?

PARA LOS MÁS CHIQUITOS

Narre la historia de José en Egipto como esclavo (véase Génesis 39). Resalte que él fue fiel a Dios. Se negó a hacer lo malo e hizo siempre lo bueno. Aunque al principio sufrió, Dios lo ayudó. Aun dentro de la cárcel (véase vv. 21-23). Y luego lo convirtió en gobernador de todo el país de Egipto (véase Génesis 41:37-44).

Sexta semana

Tema de la semana:

EL CUIDADO Y LA PROTECCIÓN DE DIOS

Lunes

OBJETIVO: Que sepan que Dios nos cuida

El Señor ha prometido cuidarnos. Él dice en Lucas 12:22-31: "No os afanéis [preocupéis] por vuestra vida, qué comeréis; ni por el cuerpo, qué vestiréis. La vida es más que la comida, y el cuerpo que el vestido. Considerad los cuervos, que ni siembran, ni siegan; que ni tienen despensas, ni granero, y Dios los alimenta. ¿No valéis vosotros mucho más que las aves? ¿Y quién de vosotros podrá con afanarse añadir a su estatura un codo? Pues si no podéis ni aun lo que es menos, ¿por qué os afanáis por lo demás? Considerad los lirios, cómo crecen; no trabajan, ni hilan; mas os digo, que ni aun Salomón con toda su gloria se vistió como uno de ellos. Y si así viste Dios la hierba que hoy está en el campo, y mañana es echada al horno, ¿cuánto más a vosotros, hombres de poca fe? Vosotros, pues, no os preocupéis por lo que habéis de comer, ni por lo que habéis de beber, ni estéis en ansiosa inquietud. Porque todas estas cosas buscan las gentes del mundo; pero vuestro Padre sabe que tenéis necesidad de estas cosas. Mas buscad el reino de Dios, y todas estas cosas os serán añadidas."

Es una promesa llena de especificaciones concretas. Es cuestión de creerle al Señor al pie de la letra. Entonces lo veremos actuar. Muchas veces no recibimos las cosas que Dios se ha comprometido a darnos porque no ejercemos fe. Para que las palabras del Señor se concreten en obras debemos creer y cumplir los requisitos que Él estipula.

El apóstol Pedro nos indica el camino: "echando toda vuestra ansiedad sobre él, porque él tiene cuidado de vosotros" (1 Pedro 5:7). Pablo lo repite en Filipenses 4:6: "Por nada estéis afanosos, sino sean conocidas vuestras peticiones delante de Dios en toda oración y ruego, con acción de gracias." Si tenemos alguna necesidad, ésta debe ser presentada delante del Señor en oración y acción de gracias. ¿Por qué la acción de gracias? Porque tenemos la certeza de recibir del Padre lo que pedimos. Él no se ha comprometido a darnos riquezas, pero sí a proveernos de todo lo que precisemos, mientras seamos fieles discípulos suyos y busquemos primeramente su reino.

El rey David testifica de esto en el Salmo 37:25: "Joven fui, y he envejecido, y no he visto a justo desamparado, ni su descendencia que mendigue pan."

PREGUNTAS PARA LOS NIÑOS

- ¿A qué se ha comprometido el Señor?
- ¿Por qué no recibimos a veces las cosas que Dios nos ha prometido?
- ¿En qué se fundamenta nuestra certeza de que recibiremos todo lo que necesitamos?
- ¿Nos ayuda en algo el dudar que Dios nos cuidará? ¿Por qué?

PARA LOS MÁS CHIQUITOS

Usando como base Lucas 12:22-31, explique con detalles cómo Dios cuida de la creación. Dé ejemplo de plantas y animales. ¡Cuánto más nos cuidará a nosotros que fuimos creados para ser sus hijos!

Martes

OBJETIVO: Que sepan que el Señor no se ha comprometido a cuidar de los holgazanes

Dios no tiene la obligación de cuidarnos. Lo hace porque nos ama. Y precisamente porque nos ama, nos dejará padecer necesidad si nos volvemos personas ociosas. Al igual que todo buen padre, Él no quiere estropear a sus hijos.

Por eso nos dice el apóstol Pablo: "Si alguno no quiere trabajar, tampoco coma. Porque oímos que algunos de entre vosotros andan desordenadamente, no trabajando en nada, sino entremetiéndose en lo ajeno. A los tales mandamos y exhortamos por nuestro Señor Jesucristo, que trabajando sosegadamente, coman su propio pan" (2 Tesalonicenses 3:10-12). Dios no se siente obligado hacia los ociosos. Él repudia la actitud indolente.

En Proverbios 6:6-11 se nos llama a la reflexión: "Ve a la hormiga, oh perezoso, mira sus caminos, y sé sabio; la cual no teniendo capitán, ni gobernador, ni señor, prepara en el verano su comida, y recoge en el tiempo de la siega su mantenimiento. Perezoso, ¿hasta cuándo has de dormir? ¿Cuándo te levantarás de tu sueño? Un poco de sueño, un poco de dormitar, y cruzar por un poco las manos para reposo:

así vendrá tu necesidad como caminante, y tu pobreza como hombre armado."

Dios cuida de sus hijos laboriosos y diligentes. Y nos exhorta: "En lo que requiere diligencia, no perezosos" (Romanos 12:11).

PREGUNTAS PARA LOS NIÑOS

- ¿Cuida Dios de los ociosos? ¿Por qué?
- ¿Qué les va a suceder a los perezosos?
- ¿Cómo desea Dios que seamos según Romanos 12:1?

PARA LOS MÁS CHIQUITOS

Cuente acerca de un padre que tenía dos hijos. Durante un tiempo se volvieron perezosos. El padre decidió no darles comida ni dinero hasta que se pusieran a trabajar. Ellos cambiaron de actitud. Así hace Dios con nosotros.

Miércoles

OBJETIVO: Que sepan que contamos con la protección de Dios sobre nuestra persona y bienes

El Señor no sólo atiende a nuestras necesidades, sino que también se ocupa de protegernos. Él nos guarda del mal. También guarda nuestras casas. Nos rodea de su protección. "El ángel de Jehová acampa alrededor de los que le temen, y los defiende." Hay ángeles a quienes Dios encomienda el cuidado de sus hijos. Sólo los que pertenecen al pueblo de Dios gozan de esta protección. La sangre de Cristo nos cubre, igual que la sangre del cordero cubrió al pueblo de Israel en Egipto cuando aconteció la matanza de los primogénitos (véase Éxodo 11 y 12). Somos pertenencia de Dios y Jesús dice de nosotros "no perecerán jamás, ni nadie las arrebatará de mi mano" (Juan 10:28). Podemos estar seguros y tranquilos, sabiendo que Dios nos guarda de todo ataque del enemigo, mientras estemos sujetos a su señorío y en obediencia a sus mandamientos.

El salmista David, habiendo experimentado la protección de Dios, nos insta: "No temerás el terror nocturno, ni saeta que vuele de día, ni pestilencia que ande en oscuridad, ni mortandad que en medio del día destruya. Caerán a tu lado mil, y diez mil a tu diestra; mas a ti no llegará" (Salmo 91:5-7). Y recalca en los versículos 1 al 4: "El que habita al abrigo del Altísimo morará bajo la sombra del Omnipotente. Diré yo a Jehová: Esperanza mía, y castillo mío; mi Dios, en quien confiaré. Él te librará del lazo del cazador, de la peste destructora. Con sus plumas te cubrirá, y debajo de sus alas estarás seguro; escudo y adarga es su verdad." Debemos desechar todo temor.

Si andamos en integridad y justicia, ningún mal vendrá sobre nosotros. "He aquí el ojo de Jehová sobre los que le temen, sobre los que esperan en su misericordia, para librar sus almas de la muerte, y para darles vida en tiempo de hambre" (Salmo 33:18-19).

La confianza en la protección de Dios guardará la paz de nuestro corazón porque tendremos la certeza de que nada de lo que nos ocurra estará fuera del conocimiento y la aprobación de Dios. Y el Señor en todo obra para nuestro bien. Satanás no tiene derecho sobre nuestra vida, ni puede tocarnos sin el permiso de Dios. (Para probar a Job, tuvo que obtener primero la autorización del Señor. Véase Job 1 y 2.)

No debemos temerle, porque es un enemigo ya vencido por Jesucristo. Si alguna vez se atreve a atacarnos, sólo con reprenderlo en el nombre de Jesús tiene que dejarnos e irse.

Vivamos confiados "porque él dijo: No te desampararé, ni te dejaré; de manera que podemos decir confiadamente: El Señor es mi ayudador; no temeré lo que me pueda hacer el hombre" (Hebreos 13:5-6).

PREGUNTAS PARA LOS NIÑOS

- ¿Quiénes cuentan con la protección del Señor?
- ¿Nuestros bienes también están protegidos por Dios?
- ¿Como debemos vivir para estar protegidos por el Señor?
- ¿Qué debemos hacer con nuestros temores?
- ¿Qué otra cosa debe ocupar su lugar?

PARA LOS MÁS CHIQUITOS

Explique que los ángeles son servidores de Dios y que Él manda ángeles para que nos cuiden. Que nunca estamos solos. Además Dios está con nosotros (aunque no lo vemos, como tampoco al viento). Explique que Jesús es el buen pastor y narre como cuida el pastor a sus ovejas (Juan 10:1-16).

Jueves

OBJETIVO: Que sepan que cuando vivimos fuera de la voluntad de Dios, quebrantando sus mandamientos, nos colocamos fuera de su protección

Para gozar de los beneficios del cuidado y la protección de Dios debemos llenar un requisito: vivir en la santidad y el temor de Dios. Es decir, sujetarnos al Señor y respetar sus mandamientos. Obrar según su voluntad.

"Cualquiera, pues, que me oye estas palabras, y las hace, le compararé a un hombres prudente, que edificó su casa sobre la roca. Descendió lluvia, y vinieron ríos, y soplaron vientos, y golpearon contra aquella casa; y no cayó, porque estaba fundada sobre la roca. Pero cualquiera que me oye estas palabras y no las hace, le compararé a un hombre insensato, que edificó su casa sobre la arena; y descendió lluvia, y vinieron ríos, y soplaron vientos, y dieron con ímpetu contra aquella casa; y cayó, y fue grande su ruina" (Mateo 7:24-27).

Quien recibe la Palabra del Señor y la pone por obra tiene la seguridad de estar sólidamente asentado al atravesar tiempos difíciles de prueba. El Señor lo sostendrá. Mientras que el que no atesora la Palabra de Dios para vivirla, sufrirá pérdidas fatales ante el embate del enemigo.

No debemos ser livianos en nuestra fe. El pecado debe ser quitado de nuestra vida. Aunque estemos dentro del pueblo del Señor, no hay garantía para nosotros si pecamos deliberadamente. Dice Hebreos 10:26-27: "Si pecáremos voluntariamente después de haber recibido el conocimiento de la verdad, ya no queda más sacrificio por los pecados, sino una horrenda expectación de juicio." Cuando observamos que el pecado quiere venir a instalarse nuevamente en nuestra vida, debemos arrepentirnos y limpiarnos delante de Dios. Porque: "La justicia del justo no lo librará el día que se rebelare" (Ezequiel 33:12). Necesitamos andar en rectitud todos los días de nuestra vida, y cuando comenzamos a deslizarnos, retomar la buena senda.

Otra cosa que nos coloca fuera de la protección de Dios es la imprudencia. Alguien dijo que cuando el automóvil pasa de los ciento veinte kilómetros por hora, el ángel del Señor se baja. La realidad es que Dios no nos apoya ni se siente comprometido a protegernos cuando somos deliberadamente temerarios, o nos colocamos en situación de peligro innecesariamente.

Él nos llama a la prudencia. Recordemos a la mujer de Lot, que por imprudencia perdió la vida (Génesis 19). Diferente es el caso cuando nos vemos en una situación riesgosa por culpa de otros, en cuyo caso podemos contar con una ayuda especial del Señor.

NOTA PARA LOS PADRES: Tengamos en cuenta que cuando guardamos pecados ocultos no solamente nosotros quedamos sin la protección de Dios, sino que también nuestros hijos quedan sin protección y los exponemos a correr nuestra misma suerte. "Yo soy Jehová tu Dios, fuerte, celoso, que visitó la maldad de los padres sobre los hijos hasta la tercera y cuarta generación" (Éxodo 20:5).

PREGUNTAS PARA LOS NIÑOS

- ¿Cuál es el requisito para gozar de la protección del Señor?

- ¿Qué sucede con la persona que vive en pecado?
- ¿Qué otra cosa nos coloca fuera de la protección de Dios?
- Dé algunos ejemplos de imprudencia.

PARA LOS MÁS CHIQUITOS

Narre la parábola de la casa en la roca y en la arena. Explique que la roca (el fundamento sólido) son las palabras y mandamientos de Dios que creemos y obedecemos. El creerlos solamente no alcanza. Pero si creemos y obedecemos, estamos seguros y protegidos por Dios.

Viernes

OBJETIVO: Que sepan que Dios ampara a los desamparados

Padre de huérfanos y defensor de viudas es Dios en su santa morada. Dios hace habitar en familia a los desamparados" (Salmo 68:5-6).

Hay una protección especial de parte del Señor para aquellos que están solos, sin protección o desvalidos. Él cubre especialmente aquella situación donde la carencia es más importante. Por eso no debemos sentir temor por el futuro. Sea cual fuere la situación que nos toque enfrentar, siempre encontraremos en ella a Dios atento a la necesidad.

Por ejemplo, cuando el padre de familia está ausente del hogar, sea por un viaje u otra razón, se palpa en forma real la presencia del Señor cubriendo esa circunstancia. Él es muy tierno y cuidadoso con aquellos que sufren. Y desea que compartamos su amor y compasión por ellos.

Por eso nos insta: "Permanezca el amor fraternal. No os olvidéis de la hospitalidad, porque por ella algunos, sin saberlo, hospedaron ángeles. Acordaos de los presos, como si estuvierais presos juntamente con ellos; y de los maltratados, como que también vosotros mismos estáis en el cuerpo" (Hebreos 13:1-3). Y también: "Al extranjero no engañarás ni angustiarás, porque extranjeros fuisteis vosotros en la tierra de Egipto. A ninguna viuda ni huérfano afligiréis. Porque si tú llegas a afligirles, y ellos clamaren a mí, ciertamente oiré yo su clamor; y mi furor se encenderá, y os mataré a espada, y vuestras mujeres serán viudas, y huérfanos vuestros hijos. Cuando prestares dinero a uno de mi pueblo, al pobre que está contigo, no te portarás con él como logrero, ni le impondrás usura. Si tomares en prenda el vestido de tu prójimo, a la puesta del sol se lo devolverás. Porque sólo eso es su cubierta, es su vestido para cubrir su cuerpo. ¿En qué dormirá? Y cuando él clamare a mí, yo le oiré, porque soy misericordioso" (Éxodo 22:21-27).

Y aún más: "No maldecirás al sordo, y delante del ciego no pondrás tropiezo, sino que tendrás temor de tu Dios. Yo Jehová" (Levítico 19:14).

Dios ama al pobre, al débil, al necesitado. Y quiere que en nuestro corazón se anide un sentimiento semejante, que nos lleve a la acción, al servicio.

PREGUNTAS PARA LOS NIÑOS

- ¿Cómo es Dios con aquellos que sufren o están necesitados?
- Enumere algunas de las cosas que Dios nos manda hacer con los necesitados.

PARA LOS MÁS CHIQUITOS

Narre la historia de una familia cuyo padre sale de viaje por un tiempo. Demora más de lo previsto y se les acaba el dinero. La madre, en lugar de afligirse, reúne a los hijos para orar. Después de unas horas, al tomar un libro para leer, una de las hijas encuentra dentro unos billetes que su padre había guardado.

Dios cuida de la familia en ausencia de uno o de los dos padres. Él dice que es marido de viudas y padre de huérfanos.

Séptima semana

Tema de la semana:

EL TEMOR A DIOS

Lunes

OBJETIVO: Que tengan una correcta imagen de Dios

Hay una imagen popular de Dios muy difundida que distorsiona completamente la realidad de su ser y confunde a muchas personas: la de un anciano bondadoso.

Es probable que imaginarse a Dios como un anciano se haya originado en la visión del capítulo 7 de Daniel (vv. 9, 13, 22) Allí se lo describe como "un Anciano de días". Esta expresión no se refiere a la vejez sino a la larga vida del Señor. ¿Cómo medir el tiempo de su existencia? ¡No hay forma! Por eso, en un vocabulario descriptivo, se lo llama "Anciano de días", dando a entender lo infinito de sus años. De la misma manera que Juan lo llama en Apocalipsis 4:8: "el que era, el que es, y el que ha de venir." Es decir, el Dios eterno.

Por otra parte, la vejez es la etapa final de la vida. La del ocaso, la de la pérdida de las fuerzas y de muchas facultades. Esto no ocurre de ninguna manera con Dios. Él está en la plenitud de su vigor, de su fuerza y de todas sus capacidades. No es un anciano, sino el Señor Dios todopoderoso, creador y sustentador de todo cuanto existe. Es "Jehová, Dios de los ejércitos" (Salmo 89:8). Es el "Juez de la tierra" (Salmo 94:2).

En lo que respecta a su bondad, corresponde señalar que Él es bondadoso, pero no "bonachón". Es Dios justo y santo.

Por lo tanto su bondad tiene un límite. No tolera el pecado, ni considera inocente al culpable. Ejecuta juicio sobre todo el que vive indignamente, sea inconverso o se llame cristiano.

Debemos desterrar definitivamente la imagen de Dios como un anciano bondadoso, dispuesto a ser benevolente, tolerante y hasta condescendiente con nuestros pecados e injusticias. O nos llevaremos una gran sorpresa después de la muerte. Nuestra vida tiene que ser limpia, santa y pura. Sólo cuando vivimos así disfrutamos de la bondad de Dios.

El salmista tiene una correcta visión de Dios: "¿Quién será semejante a Jehová entre los hijos de los potentados? DIOS TEMIBLE en la gran congregación de los santos, y formidable sobre todos cuantos están alrededor de él. Oh Jehová, Dios de los ejércitos, ¿quién como tú? Poderoso eres, Jehová, y tu fidelidad te rodea" (Salmo 89:6-8).

"Dios temible." Dios es amor, pero también santo. Es misericordioso, pero también justo. Debemos tener una correcta visión de nuestro Dios. No lo achiquemos. No lo rebajemos. Él es grande, inmensamente grande.

Y poderoso, ilimitadamente poderoso. Digno de ser reconocido. Y admirado. Y alabado. Y temido por todos los hombres.

PREGUNTAS PARA LOS NIÑOS

- ¿Qué significa la expresión "Anciano de días"?
- ¿Puede Dios ser un anciano?
- ¿Cómo es Él?
- ¿Tiene límites la bondad de Dios? ¿Cuáles?

PARA LOS MÁS CHIQUITOS

Narre cómo es Dios: Él nunca comenzó a vivir, porque ha vivido siempre. Nadie fue antes que Él, creó a todos los seres y a todas las cosas. Es un Dios tan grande que está en todas partes y puede oír a todos los que le hablen y ayudarlos. No lo vemos porque es espíritu. Señale que el espíritu es como el viento: aunque no lo vemos, lo percibimos y sabemos que está. Dios lo ve todo, lo oye todo, lo sabe todo. Aun lo que hay dentro de nuestro corazón.

Es muy poderoso. Más que ningún otro ser. Él hace lo que nadie puede hacer. Y ese Dios tan grande quiere ser nuestro padre, para cuidarnos y protegernos, porque nos ama mucho. Él es muy bueno y nos guarda siempre. (Amplie todos los detalles que sean de interés para el niño.)

Martes

OBJETIVO: Que conozcan lo que es el temor a Dios

Cuando caemos en la cuenta de la grandeza de Dios, nos sentimos chiquititos.

Al considerar su pureza y santidad, nos vemos a nosotros mismos indignos. Sentimos que no podemos alcanzar ni una milésima parte de esa calidad que Él tiene. Y frente a su justicia nos damos cuenta de que seríamos merecedores de su severo castigo, si no hubiera sido por la muerte de Cristo a nuestro favor. ¡Bendita muerte! ¡Bendita sangre que nos limpia, que nos purifica! Sólo castigo y destrucción debiera haber venido sobre nosotros por parte de Dios de no haber mediado Jesucristo.

Es que en nosotros mismos no valemos nada. Jesucristo es quien ha operado el cambio. Por Él hemos alcanzado una vida limpia, santa, recta. Las virtudes que hoy se ven en nosotros son obra del Espíritu Santo. Nada bueno brota de por sí en nuestra naturaleza humana, sino que nos ha sido implantado junto con la vida de Cristo.

Muchas veces parecemos olvidarlo. Nos hemos acostumbrado a ser nuevas criaturas, a tener la naturaleza divina en nosotros (con muchas fallas, es cierto, y en forma incipiente, pero está), a hablar a diario con nuestro Padre celestial, y nos sentimos tan cerca del Señor, tan participantes de sus cosas, que nos volvemos confianzudos e irreverentes.

Estamos cerca del Señor, de su corazón, y Él nos otorga el derecho de participar de todo lo suyo, pero eso no significa que podamos tratar a Dios de igual a igual. Él sigue siendo el todopoderoso y omnisciente Dios y nosotros sus criaturas, aún débiles e imperfectas. Es una imprudencia total el acercarnos a las cosas santas con irreverencia. Reverencia no es solemnidad y vocabulario rebuscado, sino respeto y consideración.

Es entender cuánto más grande y virtuoso es Dios que nosotros y reverenciarlo. Nuestras palabras pueden ser muy sencillas y afectuosas para con Él, pero nunca irrespetuosas. Como el hijo que mantiene un trato muy íntimo y cariñoso con su padre, pero jamás le falta el respeto.

Cuando oímos a alguno llamar irreverentemente a Jesús "el flaco", o algún apelativo semejante, podemos estar seguros de que no conoce realmente a Dios. No tiene noción de su insolencia y de la desfachatez de sus palabras. Quien conoce al Señor no sólo lo ama, sino también le teme. Teme ofender su santidad con el pecado. Teme no estar a la altura de sus exigencias.

Cuida sus palabras para no faltarle. (Es un temor sano que nos evita caer en pecado.) También teme el castigo porque conoce que Dios es, por sobre todo, justo. Por eso se aparta de la maldad y procura vivir en santidad. Se arrepiente cada vez que se aleja de la conducta recta y vuelve a la buena senda inmediatamente.

"El temor de Jehová es para vida, y con él vivirá lleno de reposo el hombre; no será visitado de mal" (Proverbios 19:23). El temor del Señor nos guarda de caídas y males. Y nos ayuda a ser sabios. "El principio de la sabiduría es el temor de Jehová" (Proverbios 1:7).

PREGUNTAS PARA LOS NIÑOS

- ¿Cómo nos sentimos frente a la grandeza de Dios?
- ¿Es el hombre algo en sí mismo?

- ¿Quién le da valor a nuestra vida?
- ¿Cómo debe ser nuestro trato hacia Dios?
- ¿Qué significa temer a Dios?

PARA LOS MÁS CHIQUITOS

Narre la historia de un padre de dos hijos, uno respetuoso y el otro insolente. Este último lo trata mal con frecuencia y hace cosas que el padre ha prohibido. El otro en cambio ama a su padre y jamás se atreve a faltarle. Finalmente el padre se ve obligado a echar fuera de su casa al hijo irrespetuoso. Lo mismo hará Dios con los que no le honran.

Miércoles

OBJETIVO: Que sepan que no es a Satanás a quien debemos temer, sino a Dios

Muchas veces los cristianos sobreestimamos la imagen de Satanás. Es decir, le atribuimos mayor poder del que tiene, aun para influir sobre nuestra vida. Eso nos hace temerle.

Tenemos que tomar conciencia que la realidad es muy distinta. En Hebreos 2:14-15 se nos dice que la obra de Jesús fue "para destruir por medio de la muerte al que tenía el imperio de la muerte, esto es, al diablo, y librar a todos los que por el temor de la muerte estaban durante toda la vida sujetos a servidumbre". Jesús se ha constituido en vencedor sobre Satanás. El diablo es ya un enemigo vencido. Su poder siempre fue infinitamente inferior al de Dios, pero luego de la resurrección de Cristo quedó completamente deshecho. No tiene influencia sobre la vida de ningún cristiano. Cristo nos ha librado de esa "servidumbre".

Satanás no puede hacernos nada mientras andemos en luz. Pero como él es "mentiroso y padre de mentira" (Juan 8:44), trata de enredarnos con engaños y hacernos creer que aún tiene mucho poder. Cuando aceptamos en nuestra mente esta mentira, nos sometemos al temor. Debemos rechazarla y echar fuera al diablo cuando nos asedia.

A quien sí debemos temer, con un temor santo, es a nuestro Dios. Porque este temor nos alejará del pecado y guardará nuestra alma. El temor a Dios no trae angustia, sino paz y confianza en "aquel que es poderoso para guardaros sin caída, y presentaros sin mancha delante de su gloria con gran alegría" (Judas 24).

Lucas nos enseña: "Temed a aquel que después de haber quitado la vida, tiene poder de echar en el infierno; sí, os digo, a éste temed" (Lucas 12:5). El Señor es quien tiene toda autoridad y quién decidirá el destino eterno de cada ser creado. Por eso: "Si invocáis por Padre a aquel que sin acepción de personas juzga según la obra de cada uno, conducíos en temor todo el tiempo de vuestra peregrinación; sabiendo que fuisteis rescatados de vuestra vana manera de vivir, la cual recibisteis de vuestros padres" (1 Pedro 1:17-18).

PREGUNTAS PARA LOS NIÑOS

- ¿Quién es el que realmente tiene poder y autoridad sobre nuestra vida?
- ¿Puede tocarnos Satanás?
- ¿Quién lo ha vencido y cuándo?
- ¿Qué es lo que nos hace temer a Satanás?
- ¿Cómo podemos librarnos de sus mentiras?

PARA LOS MÁS CHIQUITOS

Enséñeles acerca de Satanás: Explique que él fue el más hermoso de los ángeles, y que Dios le había concedido poder y autoridad, pero que luego se rebeló contra el Señor y arrastró con él muchos ángeles. Entonces quiso hacer lo mismo con los hombres. Para salvarlos vino Jesús a la tierra. Cuando murió en la cruz, descendió al mismo infierno, luchó con Satanás, lo venció y le quitó todas aquellas personas que habían muerto creyendo en Dios para llevárselas con Él al cielo. Satanás está derrotado y ya no tiene poder sobre ningún cristiano. Cristo, que es muchísimo más poderoso que el diablo, nos protege. Así que no debemos temer a Satanás. También el Señor manda ángeles que andan alrededor de nosotros (aunque no los veamos) y nos defienden.

Jueves

⤜⊷⊷⤛

OBJETIVO: Que sepan que el creyente que toma livianamente las cosas del Señor, será juzgado por Él

Nunca debemos acercarnos livianamente a las cosas santas, ni profanar lo sagrado. Hay una historia del Antiguo Testamento que debiera hacernos reflexionar profundamente, para que nuestra conducta se mantenga siempre recta delante de Dios. Es acerca de los hijos de Elí, el sacerdote. Ellos habían crecido viendo a su padre ministrar al Señor, siempre cerca del templo, de los sacrificios, de la oración. Sin embargo, tuvieron poco aprecio por las cosas de Dios y se volvieron profanos. Así lo narra 1 Samuel 2:12-35 (lea de la Versión Popular).

"Los hijos de Elí eran unos malvados, y no les importaba el Señor ni los deberes de los sacerdotes para con el pueblo; pues cuando alguien ofrecía un sacrificio, llegaba un criado del sacerdote con un tenedor en la mano y, mientras la carne estaba cociéndose, metía el tenedor en el perol, en la olla, en el caldero o en la cazuela, y todo lo que sacaba con el tenedor era para el sacerdote. Así hacían con todo israelita que llegaba a Silo. Además, antes de que quemaran la grasa en el altar, llegaba el criado del sacerdote y decía al que iba a ofrecer el sacrificio: "Dame carne para asársela al sacerdote; porque no te va a aceptar la carne ya cocida, sino cruda." Y si la persona le respondía que primero tenían que quemar la grasa, y que luego él podría tomar lo que quisiera, el criado contestaba: "¡No, me la tienes que dar ahora! De lo contrario, te la quitaré a la fuerza."

Así pues, el pecado que estos jóvenes cometían ante el Señor era gravísimo, porque trataban con desprecio las ofrendas que pertenecían al Señor. En cuanto a Elí, era ya muy viejo, pero estaba enterado de todo lo que sus hijos les hacían a los israelitas, y que hasta se acostaban con las mujeres que estaban al servicio a la entrada de la Tienda del encuentro con Dios. Por tanto les dijo: "Todo el mundo me habla de las malas acciones de ustedes. ¿Por qué se portan así? No, hijos míos, no es nada bueno lo que sé que el pueblo del Señor anda contando acerca de ustedes. Si una persona comete una falta contra otra, el Señor puede intervenir en su favor; pero si una persona ofende al Señor, ¿quién la defenderá?" Pero ellos no hicieron caso de lo que su padre les dijo, porque el Señor había decidido quitarles la vida. Por ese tiempo llegó un profeta a visitar a Elí, y le dijo: "El Señor ha declarado lo siguiente: 'Cuando tus antepasados estaban en Egipto al servicio del faraón, claramente me manifesté a ellos. Y de entre todas las tribus de Israel los escogí para que fueran mis sacerdotes, para que ofrecieran holocaustos sobre mi altar. ¿Por qué, pues, han despreciado los sacrificios y ofrendas que yo he ordenado realizar?' Por lo tanto, el Señor, el Dios de Israel, que había dicho que tú y tu familia le servirían siempre, ahora declara: 'Jamás permitiré tal cosa, sino que honraré a los que me honren, y los que me desprecien serán puestos en ridículo. Yo, el Señor, lo afirmo. Ya se acerca el momento en que voy a destruir tu poder y el de tus antepasados, y ninguno de tu familia llegará a viejo. Te servirá de muestra lo que ocurrirá a tus dos hijos, Ofni y Finees: los dos morirán el mismo día. Luego pondré un sacerdote digno de confianza y que actúe de acuerdo con mi voluntad y criterio'."

Estos hombres pertenecían a una familia sacerdotal y supuestamente eran creyentes, pero ofendieron a Dios y Él decretó la muerte sobre ellos.

En el capítulo 4 se narra la batalla que el pueblo de Israel perdió. Un soldado escapó y fue a llevar la noticia al sacerdote. "Cuando llegó, Elí estaba sentado en un sillón, junto a la puerta, vigilando el camino.

— ¿Qué ha pasado, hijo mío? — preguntó Elí.

— Los israelitas huyeron ante los filisteos — respondió el mensajero —. Además, ha habido una gran matanza de gente, en la que también murieron tus dos hijos, Ofni y Finees, y el cofre de Dios ha caído en manos de los filisteos. En cuanto el mensajero mencionó el cofre de Dios, Elí cayó de espaldas al lado de la puerta, fuera del sillón, y como era ya un hombre viejo y pesado, se rompió la nuca y murió" (vv. 13-18, VP 'Dios habla hoy', segunda edición).

PREGUNTAS PARA LOS NIÑOS

* ¿Dios puede pasar por alto el pecado? ¿Por qué?
* ¿Permitirá que haya pecado en su casa?

PARA LOS MÁS CHIQUITOS

Narre la historia de los hijos de Elí en un vocabulario simple y claro. Señale que Dios es justo y que si alguien vive en pecado, aunque se llame cristiano, Él lo castigará.

Viernes

OBJETIVO: Que sepan que no podemos engañar a Dios y que nuestra vida tiene que ser auténticamente limpia y ordenada

Hay otra historia del Nuevo Testamento que nos ayuda a entender que nuestro comportamiento SIEMPRE debe ser recto. Está en Hechos 5:1-11 (VP, 'Dios habla hoy', segunda edición).

"Pero hubo uno, llamado Ananías, que junto con Safira, su esposa, vendió un terreno. Este hombre, de común acuerdo con su esposa, se quedó con una parte del dinero y puso la otra parte a disposición de los apóstoles. Pedro le dijo: — Ananías, ¿por qué entró Satanás en tu corazón, para hacerte mentir al Espíritu Santo quedándote con parte del dinero que te pagaron por el terreno? ¿Acaso no era tuyo el terreno? Y puesto que lo vendiste, ¿no era tuyo el dinero? ¿Por qué se te ocurrió hacer esto? No has mentido a los hombres sino a Dios.

"Al oír esto, Ananías cayó muerto. Y todos los que lo supieron se llenaron de miedo. Entonces vinieron unos jóvenes, envolvieron el cuerpo y se lo llevaron a enterrar.

"Unas tres horas después entró la esposa de Ananías, sin saber lo que había pasado. Pedro le preguntó: — Dime, ¿vendieron ustedes el terreno en el precio que han dicho? Ella contestó: — Sí, en ese precio.

"Pedro les dijo:— ¿Por qué se pusieron ustedes de acuerdo para poner a prueba al Espíritu del Señor? Ahí vienen los que se llevaron a enterrar a tu esposo, y ahora te van a llevar también a ti.

"En ese mismo instante Safira cayó muerta a los pies de Pedro. Cuando entraron los jóvenes, la encontraron muerta, y se la llevaron a enterrar al lado de su esposo y todos los de la iglesia. Y todos los que supieron estas cosas, se llenaron de miedo".

Esto nos sirve de enseñanza. Dios está decidido a no permitir el pecado dentro de la iglesia. Él es paciente y perdonador, pero si no nos apartamos del mal y lo confesamos, tarde o temprano su castigo descenderá sobre nuestra vida.

PREGUNTAS PARA LOS NIÑOS

- ¿Cuál fue el castigo de Dios sobre Ananías y Safira?
- ¿Cómo quiere Dios que sea la iglesia?
- ¿Permitirá el pecado dentro de ella, o lo sacará a la luz y castigará al pecador?

PARA LOS MÁS CHIQUITOS

Narre la historia de Ananías y Safira, ponga de relieve que Dios busca que las personas vivan en santidad. De otro modo el pecado entrará en la iglesia y la contaminará. Dios no va a permitirlo.

Octava semana

Tema de la semana:

LA SANTIDAD DE DIOS

Lunes

❦

OBJETIVO: Que sepan que Dios es santo

Decir que Dios es santo no es novedad. Sin embargo, muchas veces no llegamos a alcanzar ni siquiera una sencilla noción de la grandeza de su santidad.

Dios es tan puro y perfecto que ningún ser humano puede soportar estar en su presencia. Hasta que no seamos transformados (en el día de la resurrección) y liberados de nuestra naturaleza pecaminosa, no podremos estar delante de su santidad y mirarlo cara a cara.

Isaías en su visión del capítulo 6 exclamó: "¡Ay de mí! . . . porque siendo hombre inmundo de labios . . . han visto mis ojos al Rey, Jehová de los ejércitos. Y voló hacia mí uno de los serafines, teniendo en su mano un carbón encendido, tomado del altar con unas tenazas; y tocando con él sobre mi boca, dijo: . . . es quitada tu culpa, y limpio tu pecado" (vv. 5-7). Tenía que ser purificado para estar en la presencia del Señor.

Juan en el Apocalipsis vio a Jesús sentado en el trono. Dijo: "Cuando le vi, caí como muerto a sus pies. Y él puso su diestra sobre mí diciéndome: No temas" (Apocalipsis 1:17).

Aun los ángeles quedan anonadados delante de Dios. Los serafines de Isaías 6:2-3 cubrieron sus rostros con las alas mientras exclamaban: "Santo, santo, santo." Tal es la magnitud de la santidad de Dios, que los seres celestiales que ministran delante de Él no cesan de decir, día y noche: "Santo, santo, santo es el Señor Dios Todopoderoso" (Apocalipsis 4:8).

¡Ese es nuestro Dios! Puro, limpio, inmaculado. Frente a tal santidad nos sentimos empequeñecidos. Nuestros errores, nuestras fallas, nuestra maldad, nuestro pecado, adquieren su verdadera dimensión por contraste. Quedamos abrumados. Pero el Señor quiere llevarnos a una nueva dimensión de vida. Quiere hacernos semejantes a Él en santidad.

PREGUNTAS PARA LOS NIÑOS

- ¿Qué significa que Dios es santo?
- ¿Podemos ver a Dios cara a cara ahora?
- ¿Qué dicen los ángeles de Dios sin cesar?
- ¿Qué quiere hacer Dios con nosotros?

PARA LOS MÁS CHIQUITOS

Narre en detalle la visión de Isaías 6, pero sólo los versículos 1 al 8. Dios aparece en visión a Isaías y es tan tremendo lo que ve que queda como espantado. Piensa que es demasiado pecador para estar frente a Dios. El Señor, por medio de uno de los serafines (ángeles), lo limpia de su pecado para poder enviarlo como mensajero suyo al pueblo. Destaque la grandeza de la santidad de Dios.

Martes

OBJETIVO: Que sepan que Dios nos ha llamado a la santidad, como personas y como pueblo

En Levítico 19:2 Dios le dice al pueblo de Israel: "Santos seréis, porque santo soy yo Jehová vuestro Dios." El ser santos no es una de varias posibilidades sino la única. No hay opciones. Es un llamado y un mandato. "Si yo soy santo — dice Dios —, ustedes no pueden ser de otra manera." Y si no nos acomodamos a este estilo de vida, tarde o temprano el Señor nos cortará de su pueblo.

La iglesia está llamada a la santidad: "El templo de Dios, el cual sois vosotros, santo es" (1 Corintios 3:17). Cuando el pecado anida dentro de ella, Dios envía juicio. "Porque no hay acepción de personas para con Dios" (Romanos 2:11). No importa que alguien haya crecido en las cosas de Dios, si no conserva su santidad recibirá un severo y justo castigo. Cada uno debe cuidar de sí mismo, porque está llamado a pertenecer a un pueblo santo.

Santo significa puro y limpio, pero también significa separado, apartado. ¿Separado de qué y para qué? Separado del pecado. Apartado para el Señor y para el cumplimiento de sus propósitos. No podemos volver a mezclarnos con el mal, con los hombres que en el mundo practican el pecado. Somos

hijos de Dios, la familia de Dios. Pablo lo dice en 2 Corintios
7:1: "Así que amados . . . limpiémonos de toda contaminación
de carne y de espíritu, perfeccionando la santidad en el temor
de Dios."

El apóstol Pedro nos llama: "Linaje escogido, real sacer-
docio, nación santa" (1 Pedro 2:9). Los sacerdotes de Israel
llevaban en su frente una lámina de oro, y en ella grabadas
las palabras "Santidad a Jehová" (Éxodo 28:36). Debiéramos
colocar (en un sentido espiritual) estas palabras sobre nuestra
cabeza, ya que somos sacerdotes del Señor.

PREGUNTAS PARA LOS NIÑOS

- ¿Qué otro significado tiene la palabra santidad?
- ¿Para quién y por qué hemos sido separados?
- ¿Podemos mezclarnos con quienes obran mal? ¿Por qué?
- ¿Qué hace Dios cuando encuentra pecado en la iglesia?
- ¿Qué palabras llevaban sobre su frente los sacerdotes de Israel? ¿Qué significaban?

PARA LOS MÁS CHIQUITOS

Enséñeles que Dios es santo, muy limpio y puro.

Él quiere tener una familia así. Como somos sus hijos,
quiere separarnos del pecado. Explique el estilo de vida de la
familia de Dios. Describa el estilo de vida de la gente que no
conoce a Dios. Señale que cuando comenzamos a mezclarnos
con ellos y a vivir como ellos (en la mentira, el engaño, el odio,
etc.) nos ensuciamos y perdemos la santidad.

Miércoles

OBJETIVO: Que sepan que debemos ser santos en toda nuestra manera de vivir

Como aquel que os llamó es santo, sed también vosotros santos en toda vuestra manera de vivir; . . . Y si invocáis por Padre a aquel que sin acepción de personas juzga según la obra de cada uno, conducíos en temor todo el tiempo de vuestra peregrinación" (1 Pedro 1:15, 17).

Muchas veces se considera la santidad como un tema de meditación tan profundo que se lo relega a una segunda etapa de la vida cristiana.

Es decir, que se cree necesario cierto crecimiento espiritual previo antes de poder practicar la santidad. En consecuencia, se transforma en un terreno de divagaciones teológicas y filosóficas totalmente ajenas a la realidad.

Sin embargo, Dios remite la santificación a la esfera de la práctica diaria. La santidad es para ser vivida en forma cotidiana. No está reservada a unos pocos espirituales, no es para que la experimentemos más adelante. Es para nosotros aquí y ahora. "Seguid la paz con todos, y LA SANTIDAD, SIN LA CUAL NADIE VERÁ AL SEÑOR" (Hebreos 12:14). No entraremos a la presencia del Señor a menos que hayamos vivido en santidad.

Nuestra santidad tiene que ser notoria y visible a cuantos nos rodean. Debe ser reconocida por los inconversos. Somos su punto de referencia.

¿De qué otro modo llegarían a saber que Dios es real y que es posible un cambio de vida? Si no ven en nosotros a Dios, ¿de qué servirán nuestras palabras? ¡Hay tanta gente predicando diferentes doctrinas y religiones en el mundo! Jesucristo es vida de nuestra vida. Debe verse reflejado en nosotros.

Toda nuestra conducta debe estar saturada de su presencia. Nuestras palabras, la honradez en cuanto al dinero, el respeto por nuestros semejantes, la pureza sexual. En todo, Cristo presente, vivo, real.

La santidad no es algo aburrido, como algunos suponen. Por el contrario, permite y favorece el desarrollo pleno de nuestras capacidades y facultades.

Más aún, nos lleva al disfrute total de la vida. Cuando sabemos que estamos actuando bien, tenemos tranquilidad de conciencia y esto quita todo estorbo para gozar de los deleites lícitos de la vida. Además, contamos con el beneplácito del Señor, lo que aumenta mucho más la dicha. Aún en los tiempos de crisis o de dolor, hay consuelo, paz y alegría en el Señor.

Apropiémonos de la exhortación del apóstol Pablo: "Por lo demás, hermanos, os rogamos y exhortamos en el Señor Jesús, que de la manera que aprendisteis de nosotros cómo os conviene conduciros y agradar a Dios, así abundéis más y más . . . pues la voluntad de Dios es vuestra santificación . . . Pues no nos ha llamado Dios a inmundicia, sino a santificación" (1 Tesalonicenses 4:1, 3, 7).

PREGUNTAS PARA LOS NIÑOS

- ¿Se requiere un gran crecimiento espiritual o la simple obediencia para vivir en santidad?
- ¿Qué ocurre cuando no seguimos la santidad?
- ¿Es aburrido y triste ser santo? ¿Por qué?

- ¿En qué debe verse nuestra santidad?

PARA LOS MÁS CHIQUITOS

Narre la historia de Marcos, un niño que amaba a Jesús y procuraba siempre agradarle; conoció a Víctor, que era malo con los otros chicos, pero sufría porque nadie lo quería. Aunque Víctor maltrataba a Marcos, este último tenía paciencia y cariño hacia Víctor. Finalmente Víctor no pudo resistir tanta bondad y llorando le pidió perdón. Se hicieron amigos. Marcos le contó que Jesús lo había hecho bueno. Víctor también quiso tener la vida de Cristo. Destaque que es nuestra santidad lo que más impresiona a los que no conocen a Dios.

Jueves

OBJETIVO: Que sepan que debemos ser santos en nuestra manera de hablar

Probablemente nuestro modo de hablar sea el aspecto en que solemos pecar con mayor frecuencia. El mundo que nos rodea está sumamente contaminado en su vocabulario. Las expresiones groseras, insultantes y aun obscenas, son el pan de cada día. Al punto de que nos vamos acostumbrando y a fuerza de oirlas nos parecen términos corrientes.

Debemos santificar nuestra manera de hablar. Precisamos erradicar de nuestras conversaciones toda palabra torpe, necia, hiriente. Como hemos descuidado esta esfera, muchas veces ni siquiera tenemos conciencia de que lastimamos a otros al hablar. Algunos dicen que estas palabras rudas y cargadas de un sentido despectivo e injurioso han perdido ya la fuerza que tenían como ofensa, que son mucho más leves y no constituyen un agravio para quien las recibe. No es así. Resulta fácilmente comprobable cuando somos nosotros mismos los destinatarios de tales expresiones y sentimos en nuestro interior el dolor que el insulto ocasiona y la ira que despierta.

"No digan malas palabras, sino usen un lenguaje que sea bueno y que ayude a crecer y traiga bendición a los que lo oigan" (Efesios 4:29, VP). La finalidad de nuestras conversaciones debe ser comunicarnos positivamente con la gente, dejarles algo que los edifique, que los ayude, que los consuele, que los reconforte. Nada que destruya, que desconcierte, que desanime, debe salir de nuestra boca. Tampoco necedades que no hacen más que contribuir a crear un ambiente liviano donde la tontería prolifera.

"Si alguno habla, hable conforme a las palabras de Dios" (1 Pedro 4:11). Esto es santificar el vocabulario.

Vayamos de nuevo a Isaías 6, cuando el profeta se encontró frente a Dios, y al saber que Él quería enviarlo con un mensaje al pueblo, tomó conciencia de que esa boca que debía hablar de parte de Dios se había contaminado muchas veces con palabras vanas e inadecuadas. Necesitaba ser purificado con el fuego del altar del Señor (vv. 5-7). También nosotros debemos acercarnos a Dios, conscientes de nuestra debilidad, para que Él nos limpie y transforme nuestra manera de hablar.

PREGUNTAS PARA LOS NIÑOS

- ¿Cuál es el aspecto donde solemos pecar con mayor frecuencia?
- ¿Cómo es el vocabulario del mundo que nos rodea?
- ¿Cómo nos sentimos cuando alguien nos insulta?
- ¿Como debemos hablar?
- ¿Para qué deben servir nuestras conversaciones?

PARA LOS MÁS CHIQUITOS

Un grupo de chicos se reúne a jugar en la casa de Javier. Después de un rato surge un problema y todos se ponen a discutir, gritar y algunos hasta a insultarse. Finalmente, enojados, cada uno se va para su casa. Quedan tristes. Después de unos días, regresan. La mamá de Javier los reúne y les dice que el hablarse mal los unos a los otros sólo sirve para ocasionar peleas y les propone que cada uno sea cuidadoso de lo que dice. Ellos lo hacen y juegan en armonía toda la tarde.

Al despedirlos, la mamá les hace notar lo alegres que están y añade: "Dios siempre tiene razón, y Él nos enseña que es así como debemos hablar entre nosotros."

Viernes

OBJETIVO: Que sepan que tenemos que cuidarnos de la contaminación

E s un objetivo de Satanás contaminar la creación de Dios. Y lo ha hecho profusa y abundantemente en estos últimos tiempos. Coloca delante del hombre toda clase de tentaciones deshonestas que procuran apartarlo de los caminos de Dios. Le ofrece placeres, riquezas, fama, si está dispuesto a dejar a un lado sus principios, su integridad y a cometer libremente cualquier clase de pecado.

En este mundo vivimos nosotros. ¿Cómo librarnos de la contaminación y mantenernos en santidad? Cuidando nuestros ojos y nuestros oídos.

Dios nos ha dado la capacidad de abrir los ojos y ver cuando queremos hacerlo y de cerrarlos y no permitir que entren escenas desagradables cuando no las deseamos. Lo mismo ocurre con los oídos. Cuando lo que percibimos no es adecuado, podemos negarnos a escuchar. Y eso es precisamente lo que el Señor espera que hagamos: ejercer control sobre las imágenes y sonidos que pretenden invadirnos, seleccionando lo que recibimos.

En ocasiones somos débiles y nos prestamos a mirar o escuchar cosas que luego nos hacen sentir mal. Pero hay alguien que puede ayudarnos en ese control y selección. Es el

Espíritu Santo. Debemos darle lugar en nuestro interior. Él nos hablará con su suave voz para alertarnos cada vez que vea venir un ataque del enemigo.

Susurrará: "Cuidado." Y sabremos que es el momento de apartar nuestros ojos y cerrar nuestros oídos para que no penetre en ellos la inmundicia de Satanás y nos contamine.

Dice Mateo: "Tus ojos son como una lámpara para tu cuerpo; así que si tus ojos son buenos (o sea, si miran lo bueno) también todo tu cuerpo tendrá luz; pero si tus ojos son malos todo tu cuerpo está en la oscuridad" (Mateo 6:22-23, VP). Por nuestros ojos y oídos entran la información y el conocimiento a nuestra mente. Si lo que vemos y oímos es bueno seremos edificados. Si es malo, no podremos evitar la contaminación y el derrumbe de las cualidades espirituales.

Pongamos atención y dependamos siempre del Espíritu Santo para no caer en las trampas del diablo. Nuestro estilo de vida debe ser siempre la santidad.

PREGUNTAS PARA LOS NIÑOS

- ¿Por dónde entran la información y el conocimiento a nuestra mente?
- ¿Por dónde entra la contaminación?
- ¿Cómo podemos evitarla?
- ¿Quién nos ayudará en esta tarea?

PARA LOS MÁS CHIQUITOS

Luisa y Enrique, dos hermanitos cristianos, miran todas las tardes un programa de televisión donde los personajes discuten y se golpean. Aunque ellos dos se quieren, al poco tiempo comienzan a tratarse de igual manera. Pelean y se insultan, hasta que un día descubren que están usando las mismas palabras y expresiones que los personajes de la televisión. Caen en la cuenta de que han sido objeto del mal ejemplo y deciden no ver más el programa. Eligen otro donde se estimula al amor y las buenas maneras. Y la relación entre ellos cambia.

Nosotros también tenemos que ser cuidadosos con lo que vemos y oímos y dejar de lado todo lo que nos ensucie el alma y nos lleve a actuar mal.

Novena semana

Tema de la semana:

LA GLORIA DE DIOS

Lunes

❦

**OBJETIVO: Que conozcan la grandeza de
la gloria de Dios**

Lo mismo que ocurre al procurar describir la santidad de Dios sucede al hablar acerca de su gloria: resulta imposible tratar de explicarla, de darla a conocer a través de palabras. Es tan vasta, tan magnífica, tan esplendente y majestuosa que no la podemos comprender.

Tampoco podemos mirarla cara a cara. Es mucho más de lo que el hombre puede soportar. El pueblo de Israel, frente al monte Sinaí, cuando se reunió para oír a Dios dijo: "He aquí Jehová nuestro Dios nos ha mostrado su gloria y su grandeza, y hemos oído su voz de en medio del fuego; hoy hemos visto que Jehová habla al hombre, y éste aún vive. Ahora, pues, ¿por qué vamos a morir? Porque este gran fuego nos consumirá; si oyéremos otra vez la voz de Jehová nuestro Dios, moriremos. Porque ¿qué es el hombre para que oiga la voz del Dios viviente que habla de en medio del fuego, como nosotros la oímos, y aún viva? Acércate tú [Moisés], y oye todas las cosas que dijere Jehová nuestro Dios; y tú nos dirás todo lo que Jehová nuestro Dios te dijere, y nosotros oiremos y haremos" (Deuteronomio 5:24-27).

Moisés habló muchas veces con el Señor y estuvo muy cerca de Él. Un día le pidió: "Te ruego que me muestres tu gloria." Dios le respondió: "No podrás ver mi rostro; porque no me verá hombre, y vivirá. Y dijo aún Jehová: He aquí un lugar junto a mí, y tú estarás sobre la peña; y cuando pase mi gloria, yo te pondré en una hendidura de la peña, y te cubriré con mi mano hasta que haya pasado. Después apartaré mi mano, y verás mis espaldas; mas no se verá mi rostro" (Éxodo 33:18, 20-23).

La gloria del Señor es tan asombrosa y deslumbrante que el ser humano, frágil y limitado, no puede soportarla. Por eso Dios nos deja vislumbrarla sólo a través de manifestaciones atenuadas para que no muramos. El sol lo ejemplifica bien. No se lo puede mirar de lleno porque daña los ojos. Pero sus rayos bañan de luz montañas, valles, mares, mostrándolos en todo su esplendor. Conocemos la gloria del sol a través de la luz que irradian sus rayos. Así Dios nos muestra su gloria reflejada en las cosas y seres creados.

PREGUNTAS PARA LOS NIÑOS

- ¿Se puede ver cara a cara la gloria de Dios?
- ¿Qué respondió Dios a Moisés cuando le pidió que le mostrara su gloria?
- ¿Con qué podemos comparar la gloria de Dios?

PARA LOS MÁS CHIQUITOS

Narre la conversación entre Dios y Moisés que aparece en Éxodo 33. Utilice la Versión Popular. Dramatice el momento en el que Dios coloca a Moisés en un hueco de la roca y lo cubre con su mano hasta pasar. Describa la deslumbrante gloria de Dios. Y señale que ningún ser humano podrá verla hasta después de la resurrección.

Martes

OBJETIVO: Que sepan que la gloria de Dios llena el cielo y la tierra

Los cielos cuentan la gloria de Dios, y el firmamento anuncia la obra de sus manos" (Salmo 19:1).

"¡Bendeciré al Señor con toda mi alma! ¡Cuán grande eres, Señor y Dios mío! Te has vestido de gloria y esplendor; te has envuelto en un manto de luz. ¡Tú extendiste el cielo como un velo! ¡Tú afirmaste sobre el agua los pilares de tu casa, allá en lo alto! Conviertes las nubes en tu carro; ¡viajas sobre las alas del viento! Los vientos son tus mensajeros, y las llamas de fuego tus servidores. Pusiste la tierra sobre sus bases para que nunca se mueva de su lugar . . . Tú eres quien riega los montes desde tu casa, allá en lo alto; con los torrentes del cielo satisfaces a la tierra. Haces crecer los pastos para los animales y las plantas que el hombre cultiva para sacar su pan de la tierra . . . Hiciste la luna para medir el tiempo; el sol sabe cuándo debe ocultarse. Tiendes el manto oscuro de la noche . . . ¡Cuántas cosas has hecho, Señor! Todas las hiciste con sabiduría; ¡la tierra está llena de todo lo que has creado! . . . ¡La gloria del Señor es eterna! ¡El Señor se alegra en su creación!" (Salmo 104:1-5, 13-14,19-20, 24, 31, VP).

En todo cuanto nos rodea vemos la gloria de Dios. La creación es una obra maestra. La perfección de cada cosa, de cada ser, es asombrosa: desde una minúscula hormiga hasta una estrella gigantesca. Todo organismo, simple o complejo, funciona con excelencia y precisión. Cada sistema se mueve dentro de un orden, sujeto a sus propias leyes.

Cuando nuestra alma es sensible, percibe a Dios en todo lo creado y queda atónita ante tanta maravilla, tanta variedad, tanta vastedad.

Pero el hombre soberbio y el necio no lo reconoce. Dice Romanos 1:20-21 que "las cosas invisibles de él [Dios], su eterno poder y deidad, se hacen claramente visibles desde la creación del mundo, siendo entendidas por medio de las cosas hechas, de modo que no tienen excusas [los hombres injustos]. Pues habiendo conocido a Dios, no le glorificaron como a Dios, ni le dieron gracias, sino que se envanecieron en sus razonamientos, y su necio corazón fue entenebrecido."

La gloria de Dios no sólo se ve en las cosas creadas, sino también en la grandeza de su misericordia y de la salvación que ha puesto al alcance del hombre. En Habacuc 2:14 se nos declara que llegará un día en el que "la tierra será llena del conocimiento de la gloria de Jehová, como las aguas cubren el mar". Isaías señala (40:3, 5): "Preparad camino a Jehová; enderezad calzada en la soledad a nuestro Dios . . . Y se manifestará la gloria de Jehová, y toda carne juntamente la verá." "Tiempo vendrá para juntar a todas las naciones y lenguas; y vendrán, y verán mi gloria . . . y enviaré . . . a la costas lejanas que no oyeron de mí ni vieron mi gloria; y publicarán mi gloria entre las naciones" (Isaías 66:18, 19).

Esta gloria consiste en su misma presencia entre los hombres por el Espíritu Santo. Dios quiere mostrar en la tierra su gloria a través de la redención del hombre, a través del cambio operado en vidas inservibles que las convierte en útiles y fructíferas.

PREGUNTAS PARA LOS NIÑOS

• ¿Dónde vemos la gloria de Dios?

- ¿En qué lugares de la creación se aprecia?
- ¿Qué otro aspecto manifiesta su gloria?

PARA LOS MÁS CHIQUITOS

Describa en detalle la perfección de las cosas y seres que nos rodean, por ejemplo, las flores, los árboles, un perro, un gusanito. Destaque la excelencia con que han sido hechos. Explique cómo viven y crecen y destaque que ha sido la mano creadora de Dios que lo ha hecho todo. ¡Y Él es infinitamente más grande y maravilloso que todo lo creado! Pero a través de lo creado podemos ver su gloria, del mismo modo que conocemos al sol por los rayos que nos llegan a la tierra.

Miércoles

❧❦

OBJETIVO: Que sepan que esa gloria se manifiesta especialmente en la iglesia

El lugar donde mejor se aprecia la gloria de Dios es en la iglesia. Porque los hombres pueden mostrar la grandeza de Dios no sólo en la perfección de su organismo, sino en la nobleza de su carácter. Dios es misericordioso, y cuando el ser humano transformado por el Espíritu Santo se vuelve misericordioso, está reflejando a Dios, se comienza a parecer a Él. Lo mismo cuando ama, sirve, perdona, es generoso, pacífico, bueno, amable, santo. La gloria de Dios debe encontrar su mejor expresión en nosotros, su pueblo.

Los que no conocen a Dios tienen que llegar a ver a Dios en nosotros para poder creer en Él. Jesús le decía al Padre en oración: "La gloria que me diste, yo les he dado, para que sean uno, así como nosotros somos uno. Yo en ellos, y tú en mí, para que sean perfectos en unidad, para que el mundo conozca que tú me enviaste." Tener la gloria de Cristo significa ser como Él es. Esto nos lleva a amarnos y vivir en unidad, como un solo pueblo. Y el resultado es que los incrédulos conocen a Dios.

Jesucristo se ha propuesto tener una iglesia que refleje su gloria. Dice Pablo en Efesios 5:25-27 que "Cristo amó a la iglesia, y se entregó a sí mismo por ella, para santificarla, habiéndola purificado en el lavamiento del agua por la palabra, a fin de presentársela a sí mismo, UNA IGLESIA GLORIOSA, que no tuviese mancha ni arruga ni cosa semejante, sino que fuese santa y sin mancha".

Dios nos quiere santos y llenos de gloria. No tristes, débiles, desanimados, sino rebosantes de alegría y esplendor. ¡Resplandecientes! Manifestando en nosotros mismos el carácter y la belleza del Señor.

PREGUNTAS PARA LOS NIÑOS

- ¿Dónde encontramos la mejor expresión de la gloria de Dios?
- ¿Qué sucede con los que no creen cuando ven la gloria de Dios en nosotros?
- ¿Cómo quiere Jesús que sea su iglesia?

PARA LOS MÁS CHIQUITOS

Susanita es hija única y no tiene con quien jugar. En la escuela sus compañeros la dejan de lado y ella se siente muy sola. Los chicos se ríen de ella. Una tarde su tía la lleva a la iglesia. Ve que los niños allí están muy alegres y se siente cómoda entre ellos. La reciben con cariño y la aceptan en el grupo. Juegan con ella al terminar la reunión. Susanita nota que son diferentes y piensa que ellos de verdad deben conocer a Dios porque se parecen a Él.

Jueves

✧❦✧

OBJETIVO: Que sepan que la gloria de Dios debe llenar individualmente cada vida

La gloria de Dios no desciende masivamente sobre aquellos que componen la iglesia. Es cierto que en muchas reuniones, durante el tiempo de alabanza y adoración, la presencia y la gloria de Dios se sienten en una forma muy real (como cuando descendía la nube sobre el tabernáculo en Israel), pero esto no significa que una vez terminado el culto persista sobre todos. La gloria de Dios debe ir creciendo dentro de cada uno de sus hijos en forma individual.

Tu vida y la mía tienen que estar impregnadas de Cristo, de su belleza y magnificencia. Si un cristiano tiene una experiencia espiritualmente pobre, superficial, mundana, no puede esperar que la gloria de Dios se vea en él. Y si son muchos los hijos de Dios que viven así, la iglesia no va a manifestar gloria alguna.

Todos somos responsables de reflejar la gloria de Dios. Si no lo estamos haciendo, debemos reflexionar y descubrir cuál es el problema. Tal vez haya algún pecado que apague al Espíritu Santo. Quizás hemos descuidado nuestra vida y no nos hemos preocupado por sacar aquellas pequeñas cosas que afean y desmerecen todo el cuadro. Como un jardín al que no se ha atendido por algunas semanas. Cuando uno vuelve a él, encuentra que han crecido malas hierbas que es preciso arrancar. ¡Qué bonito y prolijo resulta un parque bien cuidado! También una vida en la que se cultivan el temor de Dios y la santidad, libre de malezas como el amor por las cosas del mundo y el afán por alcanzarlas. Una existencia así irradia luz, paz, hermosura. Todos la aprecian. Esta gloria merece ser buscada. No como la gloria del mundo a la que aspiran quienes no conocen a Dios. Esa es una gloria efímera, pasajera, que no produce ningún beneficio duradero. Por el contrario, con frecuencia conduce al orgullo y a la soberbia. "Toda carne es hierba, y toda su gloria como flor del campo. La hierba se seca, y la flor se marchita, porque el viento de Jehová sopló en ella" (Isaías 40:6-7). A corto plazo se marchita y cae.

Anhelemos esta gloria de Dios, que es como un perfume en nuestra vida. "Porque para Dios somos grato olor de Cristo" (2 Corintios 2:15).

PREGUNTAS PARA LOS NIÑOS

- ¿La gloria de Cristo se manifiesta en grupo o de forma individual? ¿Por qué?
- ¿Qué cosas pueden opacar la gloria de Dios en nosotros?
- ¿Cómo es la gloria del mundo?

PARA LOS MÁS CHIQUITOS

Continúe la historia de Susanita. Al mirar a sus nuevos amigos piensa que nunca podrá ser como ellos. Que ese es un grupo especial, diferente. Marta, una de las niñas del grupo, la invita a integrarse. Ella le dice que no cree que sea posible porque el grupo tiene algo que ella no tiene. Marta señala que el grupo en sí no es especial, sino cada uno de los niños individualmente. Todos se han entregado a Cristo y Él les ha dado su gloria. Y ella puede hacerlo también. Cristo transforma y llena cada vida, por eso pueden amarse y llevarse bien cuando están todos juntos. Susanita también se entrega al Señor.

Viernes

OBJETIVO: Que sepan que la gloria de Dios nos va transformando día a día

El Señor quiere que SIEMPRE continuemos creciendo. Que cada día tengamos más gracia, más sabiduría, más santidad, más gozo y también más gloria. Se puede crecer en gloria. ¿Cómo?

"Por eso, todos nosotros, ya sin el velo que nos cubría la cara, somos como un espejo que refleja la gloria del Señor, y vamos transformándonos en su imagen misma, porque cada vez tenemos más de su gloria, y esto por la acción del Señor, que es el Espíritu" (2 Corintios 3:18, VP, 'Dios habla hoy').

Cuando nos convertimos, el Señor quita todo estorbo que impide que nos relacionemos con Él; como quién corre un velo, una cortina. Entonces podemos tener comunión con Él, ver su grandeza, su poder, su gloria.

El apóstol Pablo dice que nos convertimos en espejo que refleja esa gloria de Dios que contemplamos. Y dice más. Señala que comenzamos a transformarnos y ser cada vez más parecidos a Él porque vamos recibiendo más y más de su gloria.

En nuestra vida tiene que ocurrir un cambio progresivo. Debemos ir adquiriendo la semejanza de Cristo. Notemos que esto se produce como consecuencia de estar en su presencia, por contemplarlo a Él, ver como es Él, conocerlo. Si cada día no nos ejercitamos en pasar tiempo delante de Él en oración y lectura de su Palabra, no vamos a ser transformados, porque nunca llegaremos a conocerlo. Mientras alabamos, adoramos, meditamos, Dios obra en nosotros por el Espíritu Santo y nos va cambiando. Allí, a los pies de Jesús, comenzamos a entender lo que es el amor, la fe, la paciencia, el gozo y tantas otras cosas de Él.

Si no nos ponemos delante del espejo, no podemos ver nuestro rostro reflejado en él. Y si no nos colocamos delante de Dios tampoco reflejaremos su gloria, sino nuestra propia pobreza.

"Y aconteció que descendiendo Moisés del monte Sinaí con las dos tablas del testimonio en su mano, al descender del monte, no sabía Moisés que la piel de su rostro resplandecía, después que hubo hablado con Dios" (Éxodo 34:29). La gloria de Dios llenó tanto a Moisés que aún se reflejaba en su rostro. Sólo el estar en la presencia del Señor nos llena de gloria.

PREGUNTAS PARA LOS NIÑOS

- ¿De qué forma nos vamos transformando a la imagen de Jesús y reflejando su gloria?
- ¿Cómo llegamos a conocer al Señor?
- ¿Cómo nos ayudan la adoración, la alabanza y la meditación?
- ¿Qué le sucedió a Moisés como resultado de haber estado en la presencia de Dios?

PARA LOS MÁS CHIQUITOS

Narre la historia que aparece en Éxodo 34:27-35. Detalle cómo Moisés subió al monte y estuvo allí hablando con Dios y de ese modo su rostro se transformó. Enséñeles que cuando estamos con Jesús, orando y alabado, también comenzamos a transformarnos y a parecernos más a Él. La piel no se nos pone resplandeciente, pero el rostro se ilumina por el gozo, la paz y la gloria que inundan nuestro ser. Somos un espejo donde se refleja Jesús.

Décima semana

Tema de la semana:

EL AMOR DE DIOS

Lunes

OBJETIVO: Que sepan que Dios nos ama

Dios nos ama. Pero no en forma colectiva, sino individual. Dios ama a cada ser humano que Él mismo ha creado. Él nos diseñó a su gusto y nos ha hecho para que su gloria se vea en nosotros. Se deleita en cada ser creado por su voluntad en el cual ha colocado el soplo divino de la vida. Y espera que tomemos conciencia de ese amor y nos decidamos a retribuirlo.

Algunos adultos (conociéndonos como nos conocemos) tenemos subyacente en la conciencia la idea de que Dios más que amarnos nos soporta. Debemos rechazarla por falsa. Está generada por Satanás para traernos condenación. Dios nos acepta como somos, ¡Y NOS AMA!

Y es a partir de allí que comienza a trabajar en nosotros para producir cambios. Él exige que crezcamos, que seamos mejores. Pero no está disgustado con nosotros y simplemente nos soporta. Se contrista cuando vivimos carnalmente o en pecado porque nos ama entrañablemente. Como padres no podemos enseñar a nuestros hijos que Dios los ama a menos que estemos absolutamente seguros de que Dios nos ama a nosotros. Aseguremos nuestra mente y corazón en esta verdad y transmitámosla a nuestros niños. ÉL JAMÁS DEJA DE AMARNOS.

"Así que, estoy seguro de que no hay nada que nos pueda separar del amor de Dios. Ni la muerte, ni la vida, ni los ángeles, ni los poderes y fuerzas espirituales, ni lo presente, ni lo futuro, ni lo alto, ni lo profundo, ni ninguna otra de las cosas que fueron hechas por Dios, puede separarnos del amor que él nos ha mostrado en Cristo Jesús, nuestro Señor" (Romanos 8:38-39, VP).

PREGUNTAS PARA LOS NIÑOS

- ¿Dios te ama siempre?
- ¿Cómo sabes que te ama? (Porque Él lo resalta en su Palabra.)

PARA LOS MÁS CHIQUITOS

Narre la historia de Patricia y Eliseo, dos hermanitos. Algunas veces se portan bien. Otras veces no. Cuénteles algunas de sus travesuras. Sus papás se ponen serios y los corrigen, pero nunca dejan de amarlos. Así es Dios con nosotros. Nos ama siempre. Cuando pecamos nos corrige para que nos enderecemos, precisamente porque nos ama.

Martes

OBJETIVO: Que entiendan el amor de Dios por las obras de Él

Sabemos que Dios nos ama no sólo porque Él lo declara así, sino por las muchas cosas que ha hecho y hace por nosotros y para nosotros. El amor no es un simple sentimiento, sino una forma de vivir y tratar a los demás. Dios siempre nos trata con amor. Todo lo que hace es para nuestro bien. Nos provee lo que necesitamos material y espiritualmente.

Cuando nos corrige, lo hace con el fin de que nos apartemos del pecado y tengamos una vida feliz. Nunca para vengarse de nosotros o destruirnos. Continuamente nos rodea su amor. Sentimos su cuidado, su protección, su atención a nuestros problemas. Dios es amor en toda su actuación hacia nosotros.

"El Señor es mi pastor, nada me faltará. Me hace descansar en verdes pastos, me guía a arroyos de tranquilas aguas, me da nuevas fuerzas y me lleva por caminos rectos, haciendo honor a su nombre. Aunque pase por el más oscuro de los valles, no temeré peligro alguno, porque tú, Señor, estás conmigo, tu vara y tu bastón me inspiran confianza. Me has preparado un banquete ante los ojos de mis enemigos; has vertido perfume en mi cabeza, y has llenado mi copa a rebosar.

Tu bondad y tu amor me acompañan a lo largo de mis días, y en tu casa, oh Señor, por siempre viviré" (Salmo 23, VP).

PREGUNTAS PARA LOS NIÑOS

- ¿Cómo sabes que Dios te ama?
- ¿Puedes hacer una lista de las cosas materiales o espirituales que Dios te da? (Debe ser adecuada a la edad y comprensión de los niños.)

PARA LOS MÁS CHIQUITOS

Presente como una narración el Salmo 23. Hable de la relación entre la oveja y el pastor. Destaque cuánto él la ama y cómo él la cuida. Dé detalles. De esta manera es el amor de Dios hacia nosotros.

Miércoles

ぃﾟ〇ﾟ丷

OBJETIVO: Que aprendan a amar como Dios los ama

Amar no es sólo ser afectuosos y distribuir abrazos y besos a granel (aunque lo incluye), sino tratar con cuidado y respeto a los que nos rodean. Es ocuparnos del que está solo o triste. Compartir con el que no tiene. Ayudar al que no puede hacer algo solo. Llorar por alguien que sufre. Apoyar al que triunfa y animarlo a que logre aún mayores objetivos. Disponer tiempo para escuchar al que no tiene quien lo escuche, para sonreírle a un anciano. Es ayudar a la mamá. Obedecer al papá. Es pensar en el que está cansado y hacer el trabajo por él. La gente se da cuenta de que la amamos cuando somos atentos, amables y nos mostramos deseosos de ayudar.

"Les doy este mandamiento nuevo: Que se amen los unos a los otros. Así como yo los amo a ustedes, así deben amarse ustedes los unos a los otros. Si se aman los unos a los otros, todo el mundo se dará cuenta de que son discípulos míos" (Juan 13:34-35, VP, 'Dios habla hoy').

PREGUNTAS PARA LOS NIÑOS

* ¿Cómo quién debemos amar?

- ¿En qué notan las personas que las amamos?
- ¿A quiénes debemos amar?

PARA LOS MÁS CHIQUITOS

Continúe con la historia de Patricia y Eliseo. Patricia es muy afectuosa con sus padres. Los abraza y besa, pero luego los desobedece o se comporta mal. Su hermanito no es tan cariñoso, pero sí respetuoso y obediente. ¿Cuál de los dos ama más a los padres en realidad? Dios quiere que mostremos el amor a través de nuestras acciones.

Jueves

OBJETIVO: Que aprendan a amar a quienes no los aman

Dios tiene un amor tan grande que aun ama a quienes lo odian o se burlan de Él. Y muchos de esos enemigos de Dios se han convertido al sentir su amor.

Dios quiere que aprendamos a ser como Él y como su Hijo Jesucristo, que lleguemos a amar a todos, aun a nuestros enemigos. Hay personas que nos tratan mal o nos hacen cosas malvadas. El Señor quiere que las perdonemos, que las amemos y que les hagamos bien. Esa es la única forma en que los que están llenos de odio pueden llegan a conocer el amor de Dios y salvarse del infierno después de la muerte.

El amor hacia los enemigos nos hace bien porque nos libra de que se acumulen malos sentimientos en nuestro interior. De este modo podemos vivir siempre felices y alegres. El amar a todos no sólo beneficia a nuestro prójimo, sino a nosotros mismos.

Dios nos da las fuerzas y el poder para amar a nuestros enemigos. "Tengan amor para sus enemigos, bendigan a los que les maldicen, hagan bien a los que les odian, oren por los que les insultan y les maltratan. Así ustedes serán hijos de su Padre que está en el cielo; pues él hace que el sol salga sobre malos y buenos, y manda lluvia sobre justos e injustos. Pues si ustedes aman solamente a los que los aman a ustedes, ¿qué premio van a recibir por eso? Hasta los cobradores de impuestos hacen eso. Y si saludan solamente a sus hermanos, ¿qué de bueno hacen? Pues hasta los que no conocen a Dios hacen eso. Sean ustedes perfectos, así como su Padre que está en el cielo es perfecto" (Mateo 5:44-48, VP).

PREGUNTAS PARA LOS NIÑOS

- ¿Puedo amar a quienes no me aman?
- ¿Quién me enseña a amar de esta manera?
- ¿Qué puede pasar cuando amo al que es malo?

PARA LOS MÁS CHIQUITOS

Narre como Jesús fue maltratado, golpeado, escupido e insultado por los hombres cuando iba a ser crucificado, y no se quejó ni devolvió el insulto. Ya en la cruz, próximo a morir, los perdonó y oró por ellos: "Padre perdónalos porque no saben lo que hacen", y murió para salvarlos. Dios quiere que perdonemos y amemos a los que nos hacen mal.

Viernes

❧❧❧

OBJETIVO: Que no se cansen de amar

Cuando nuestro amor es persistente, puede salvar a los que están perdidos. También a los hijos de Dios que se apartan de Él. Porque el amor atrae. La gente sufre mientras vive alejada del Señor. Se siente sola. Muchas veces despreciada. Otras humillada. Por eso responde ante el aprecio y el amor.

La parábola del hijo pródigo es un claro ejemplo. "Jesús contó esto también: Un hombre tenía dos hijos, y el más joven le dijo a su padre: "Padre, dame la parte de la herencia que me toca". Entonces el padre repartió los bienes entre ellos. Pocos días después el hijo menor vendió su parte de la propiedad, y con ese dinero se fue lejos, a otro país, donde todo lo derrochó llevando una vida desenfrenada. Pero cuando ya se lo había gastado todo, hubo una gran escasez de comida en aquel país, y él comenzó a pasar hambre. Fue a pedir trabajo a un hombre del lugar, que lo mandó a sus campos a cuidar cerdos. Y tenía ganas de llenarse el estómago con las algarrobas que comían los cerdos, pero nadie se las daba. Al fin se puso a pensar: ¡Cuántos trabajadores en la casa de mi padre tienen comida de sobra, mientras yo aquí me muero de hambre! Regresaré a casa de mi padre y le diré: "Padre mío, he pecado contra Dios y contra ti, ya no merezco llamarme tu hijo; trátame como a uno de tus trabajadores". Así que se puso en camino y regresó a la casa de su padre. Cuando todavía estaba lejos, su padre lo vio y sintió compasión de él. Corrió a su encuentro y lo recibió con abrazos y besos. El hijo le dijo: "Padre mío, he pecado contra Dios y contra ti; ya no merezco llamarme tu hijo". Pero el padre ordenó a sus criados: "Saquen pronto la mejor ropa y vístanlo; pónganle también un anillo en el dedo y sandalias en los pies. Traigan el becerro más gordo y mátenlo. ¡Vamos a comer y a hacer fiesta! Porque este hijo mío estaba muerto y ha vuelto a vivir, se había perdido y lo hemos encontrado". Y comenzaron a hacer fiesta" (Lucas 15:11-24, VP).

El muchacho reaccionó ante el mal trato cuando lo comparó con el que recibía en la casa de su padre. Decidió volver y fue acogido por el padre con el mayor afecto. De esta manera hace Dios con nosotros. Y quiere que lo imitemos en nuestro trato con los demás.

PREGUNTAS PARA LOS NIÑOS

- ¿Qué recuerdo hizo volver a su hogar al hijo pródigo?
- ¿Se cansó el padre de la historia de amar a su hijo?
- ¿Qué es lo que más atrae a la gente que sufre o está sola?
- ¿Qué podemos lograr cuando amamos a los que están alejados de Dios?

PARA LOS MÁS CHIQUITOS

Narre la historia del hijo pródigo (preferiblemente no la lea sino cuéntela). Destaque que como el padre fue bondadoso con el hijo arrepentido, Dios lo es con nosotros. Y quiere que también tengamos paciencia con los que están alejados de Él, para recibirlos con amor cuando decidan regresar.

Undécima semana

Tema de la semana:

LA PAZ DE DIOS

Lunes

❦

OBJETIVO: Que sepan que hay una paz que proviene de Dios y que es distinta de la del mundo

J esús está reunido con sus discípulos cenando. Es la última cena que van a tener juntos. Él lo sabe. Y también sabe que se avecinan tiempos muy difíciles. Después de su muerte vendrá persecución sobre ellos. Les adelanta algo de lo que les tocará vivir y los alienta. Habla del Espíritu Santo, del Consolador que estará con ellos y en ellos y los guiará en todo. Les dice: "No se turbe vuestro corazón; creéis en Dios, creed también en mí" (Juan 14:1).

Jesús les quiere quitar toda turbación del corazón. En medio de las circunstancias tremendas por las que atravesarán, no deberán permitir que el pánico haga presa de ellos. "La paz os dejo, mi paz os doy; yo no os la doy como el mundo la da. No se turbe vuestro corazón, ni tenga miedo" (Juan 14:27).

Esta paz no es como la paz que tiene el mundo. Porque los hombres llaman paz a la ausencia de conflicto exterior. Viven procurando equilibrar la circunstancias externas para que no traigan inquietud o inestabilidad a su alma. Es una paz que se logra evitando la guerra o manteniendo el orden dentro de la familia, de la sociedad, del país. Si el orden se quiebra, la paz se pierde.

Jesús les habla de otra clase de paz. De la paz interior. De esa paz que uno puede experimentar en medio de una lucha, de un conflicto o frente al dolor y a la muerte. Paz que proviene de un equilibrio, de tener orden adentro, en el alma, en el espíritu.

Y sólo Jesús la puede dar, porque sólo Él es capaz de poner orden en nuestro corazón y en nuestra vida. Cuando lo recibimos como Señor, Él viene y comienza a colocar cada cosa en su lugar. Nos guía a sujetarnos a los padres, al esposo o a la esposa, a los maestros, a los jefes, a los gobernantes. Nos enseña a amar, a perdonar, a no guardar rencor, a devolver bien por mal, a no mentir, a no robar, a compartir, a hacer muchas otras cosas que ponen nuestra vida en orden y nos dan equilibrio.

Comenzamos entonces a experimentar una paz dulce y profunda, aun cuando vivamos tiempos difíciles, de escasez económica, de enfermedad o de alguna otra adversidad. Martín Lutero, al regresar del sepelio de su hija, exclamó: "Es extraño experimentar este dolor tan intenso y agudo y al mismo tiempo saber que todo está bien." La paz de Dios nos acompaña a través de las pruebas y el dolor, y hace que salgamos de ellas enriquecidos y fortalecidos. Es inexplicable. Los que aún no creen a Dios no la pueden entender. Pero los cristianos la experimentamos.

Es como un río que corre por nuestro interior y que tiene su origen en el mismo Dios. Nadie que no tenga a Jesús puede sentir esta paz. Él la ha reservado para los suyos, porque es el resultado de Jesús viviendo en nosotros.

PREGUNTAS PARA LOS NIÑOS

- ¿De quién proviene la paz?
- ¿A quiénes dio Jesús su paz?

- ¿Puede experimentarla alguien que no conozca a Dios? ¿Por qué?
- ¿Qué hace Jesús cuando toma nuestra vida?

PARA LOS MÁS CHIQUITOS

Cuénteles que Martín Lutero, el gran reformador, tuvo una hija que enfermó y murió. Él y su esposa sufrieron, pero experimentaron el consuelo de Dios y una paz muy grande. Describa cómo es la paz de Dios y explique que todo el que ama a Dios recibe esta paz en los momentos difíciles.

Martes

OBJETIVO: Que sepan que esta paz se puede perder momentáneamente

La paz tan preciosa que Dios nos ha dado puede perderse en ciertas circunstancias. En realidad, hay alguien muy interesado en que la perdamos: Satanás. Él busca destruir todo lo que Dios hace en nuestra vida. Por eso debemos tener cuidado de que la paz permanezca en nosotros.

Hay algunas cosas que nos quitan la paz. En primer lugar, el pecado. Cuando desobedecemos cualquiera de los mandamientos del Señor y nos alejamos aunque sea un poquito de su voluntad, comienza a surgir inquietud en nuestro interior. El equilibrio, la armonía de nuestro ser se rompe y en su lugar aparece la turbación. Perdemos la paz. Esto debe ser un toque de atención. Tenemos que tomar conciencia de que algo está mal entre nosotros y Dios. Es preciso solucionarlo para que la paz se restablezca. Es necesario confesar el pecado y recibir el perdón del Señor.

El escuchar las mentiras de Satanás también nos quita la paz. En muchas ocasiones él bombardea nuestra mente con temores: "¿Y si te va mal en el examen?" "¿Y si te ocurre un accidente?" "¿Y si no te alcanza el dinero?" Estas y otras tantas dudas engañosas nos llevan a no confiar plenamente en el Señor. Debemos desechar los temores y proclamar nuestra confianza en Dios: "El Señor es mi pastor, nada me faltará." "El ángel de Jehová acampa alrededor de los que le temen y los defiende."

Una tercera cosa que turba nuestra paz es pensar con la mentalidad del mundo. Debemos tener la mente de Cristo. Y eso nos ayuda a enfrentar la vida con equilibrio y sabiduría, a dar a todas las cosas su verdadero valor, a no contaminarnos con deseos y pasiones desordenadas.

"Y el Dios de paz aplastará en breve a Satanás bajo vuestros pies" (Romanos 16:20).

Siempre que perdamos la paz, debemos detectar el problema y solucionarlo, para que ella retorne a nuestro corazón. Cuando la paz de Dios permanece en nosotros, tenemos victoria sobre el enemigo.

PREGUNTAS PARA LOS NIÑOS

- Mencione tres cosas que pueden quitarnos la paz.
- ¿De qué manera podemos solucionar el problema en cada uno de los tres casos?

PARA LOS MÁS CHIQUITOS

Susanita siempre espera asomada a la ventana el regreso de su papá. Cuando demora, se preocupa. Un día tardó mucho y ella se puso a llorar. Temía que le hubiera sucedido algo malo. Cuando él llegó le dijo: "Tuve un problema con un neumático del automóvil. No necesitabas preocuparte." Satanás siempre quiere quitarnos la paz con temores. Dios quiere que no nos preocupemos sino que confiemos en Él.

Miércoles

OBJETIVO: Que sepan que Dios nos llama a vivir en paz

Dios quiere que la paz sea el sentimiento dominante en nuestro interior. Él nos ha dado esa paz. Desea que la preservemos y que busquemos recuperarla inmediatamente cuando caemos en la cuenta de que la hemos perdido. Pablo dice: "La paz de Dios gobierne en vuestros corazones, a la que asimismo fuisteis llamados en un solo cuerpo; y sed agradecidos" (Colosenses 3:15). La paz de Dios debe gobernar nuestra vida.

Cuando damos lugar al Espíritu Santo y le permitimos que Él nos guíe y dirija en todo, encontramos fácil vivir en la paz de Dios, porque "el fruto del Espíritu es amor, gozo, paz, paciencia, benignidad, bondad, fe, mansedumbre, templanza" (Gálatas 5:22-23).

Dejemos que el Espíritu obre en nosotros y no demos ocasión a la carne. Lo que es imposible por nuestras propias fuerzas, es posible y sencillo para Dios.

"Regocijaos en el Señor siempre. Otra vez digo: ¡Regocijaos! . . . Por nada estéis afanosos [preocupados], sino sean conocidas vuestras peticiones delante de Dios en toda oración y ruego, con acción de gracias. Y LA PAZ DE DIOS, que sobrepasa todo entendimiento, GUARDARÁ VUESTROS CORA-

ZONES Y VUESTROS PENSAMIENTOS EN CRISTO JESÚS" (Filipenses 4:4-7).

Si obedecemos el mandato del Señor de gozarnos en Él en toda situación y no preocuparnos, sino pedirle y confiar que Él nos proveerá todo lo que necesitemos, su paz guardará nuestro ser; tanto en la esfera de las emociones como en la de los pensamientos. Nos libraremos de angustias, temores y tensiones. ¡Dios es poderoso y confiable!

PREGUNTAS PARA LOS NIÑOS

- ¿A qué nos llama Dios?
- ¿Quién es nuestro guía en esta vida de paz?
- ¿Qué dos esferas de nuestra vida guardará la paz de Dios?

PARA LOS MÁS CHIQUITOS

La mamá de Magalí se va a hacer unas compras. Ella queda jugando con su hermanito. Como la mamá se demora, comienza a preocuparse. El diablo le pone temores en el corazón. "¿Y si a mamá le ocurre un accidente?" Se asusta, pero enseguida recapacita: "El Señor la cuida." Le vuelve la paz. Media hora después regresa su mamá. Debemos confiar en Dios y la paz de Dios estará en nosotros.

Jueves

∽♬∽

OBJETIVO: Que sepan que Dios nos llama a vivir en paz con los hermanos

E l apóstol Pablo exhorta a los hermanos: "Tened paz entre vosotros" (1 Tesalonicenses 5:13). Hemos sido salvos para ser un pueblo diferente, en el cual se pueda palpar la presencia del Señor. Él nunca reina en medio de la confusión, de las divisiones o de la falta de unidad y comunión entre sus hijos.

Nos llama a tener paz unos con otros. A apreciar y estimar a los hermanos. A darles el primer lugar y honrarlos. No permitamos a Satanás meter ninguna cuña entre nosotros ni crear diferencias, discrepancias o desatar rencillas y peleas. Seamos "solícitos en guardar la unidad del Espíritu en el vínculo de la paz" (Efesios 4:3). Arreglemos cualquier desajuste que haya con los hermanos, para que reinen la paz y el amor.

No olvidemos que Satanás siempre está al acecho para hacernos caer y vuelve con sus ataques vez tras vez. Estemos alertas y no le demos cabida dentro de la comunidad. Es más importante tener paz con los hermanos que hacer valer los propios derechos o ganar una disputa.

PREGUNTAS PARA LOS NIÑOS

- ¿Qué cosa es más valiosa que mis derechos?
- ¿Quién está interesado en que los hermanos tengan disputas entre sí?
- ¿Cómo podemos vencer a Satanás en este terreno?

PARA LOS MÁS CHIQUITOS

Magalí se pone a discutir con su hermano por un juguete que acaban de regalarles. Ella lo obtiene, pero quedan distanciados y disgustados. El hermanito llora angustiado. Ella se siente triste. Después de todo, no vale la pena conseguir el juguete de ese modo. Es mejor ser amigos y tratarse bien. Dios quiere que haya paz entre nosotros.

Viernes

OBJETIVO: Que sepan que Dios nos ha hecho mensajeros de paz para el mundo

Dios no sólo nos llama a vivir en paz dentro de la comunidad de los hermanos. La Biblia señala: "Si es posible, en cuanto dependa de vosotros, estad en paz con todos los hombres" (Romanos 12:18). ¿Por qué dice "si es posible"? Lo aclara en la frase siguiente: "en cuanto dependa de vosotros." En todo lo que depende de nosotros, debemos tener paz con quienes nos rodean. No podemos impedir que alguno nos odie y nos haga la guerra. Eso depende de él. Pero sí podemos evitar devolverle mal por mal. Eso depende de nosotros.

De manera que en lo que nos toca a nosotros, podemos tener paz con todos; con el bueno, con el malo, con el egoísta, con el generoso, con quien nos ayuda y con quien quiere hacernos tropezar.

Amemos a todos, perdonemos y busquemos la paz. Eso puede hacer cambiar el odio y la maldad de los hombres en arrepentimiento.

"El que quiere amar la vida y ver días buenos . . . busque la paz y sígala" (1 Pedro 3:10-11). Hay bendición de parte del Señor para quien obedece este mandamiento. "Hay un final dichoso para el hombre de paz" (Salmo 37:37).

PREGUNTAS PARA LOS NIÑOS

- ¿Depende de nosotros el tener paz con todos los hombres?
- ¿Qué es devolver bien por mal? ¿Podemos hacerlo?
- ¿Qué bendiciones promete Dios para el hombre de paz?

PARA LOS MÁS CHIQUITOS

La amiga de Susanita se enoja con ella; le grita cosas feas y le dice que no quiere verla nunca más. Susanita llora. Quiere a su amiga, pero le duelen sus palabras. Decide perdonarla e idear alguna forma de reconciliarse con ella. Cuando la encuentra en la escuela, le sonríe. Pero la chica le vira la cara. Más tarde, en el recreo, la amiguita tropieza y se cae. Susanita corre y la ayuda a levantarse. Se ha lastimado la rodilla. Susanita se la lava y venda. La otra niña se siente avergonzada. Le pide perdón y vuelven a ser amigas. Dios quiere que estemos en paz aun con los que nos tratan mal.

Duodécima semana

EL GOZO DEL SEÑOR

Lunes

❧

OBJETIVO: Que sepan que el gozo de parte de Dios es diferente del gozo del mundo

Cuando la gente habla de gozo o de alegría, se refiere a poder disfrutar de cosas agradables como la familia, la amistad, el amor. O de otras que se obtienen con dinero, como una casa cómoda, buena ropa, diversiones, paseos, viajes y cosas parecidas. Consideran que para poder gozar realmente es preciso no estar pasando por situaciones de dolor, angustia o dificultad.

La alegría, el júbilo, el gozo parecen ser incompatibles con el sufrimiento o con los problemas. La felicidad sólo se puede alcanzar en tiempos de paz, de tranquilidad, y cuando se tiene la posibilidad de obtener las cosas agradables de la vida.

Pero en muchas ocasiones no sucede así. Algunos tienen una buena familia y amigos pero les falta dinero y no pueden darse ningún gusto. Otros, que tienen dinero, carecen de salud o de familia, y se sienten solos en medio de sus riquezas. Otros poseen todo lo que pudieran desear, pero sienten angustia y depresión.

Muchos piensan que la alegría únicamente se experimenta por algunos momentos, y eso de vez en cuando. Pero no es así. Dios nos ha dicho que podemos tener alegría permanente. Pablo nos anima: "Regocijaos en el Señor siempre. Otra vez digo: ¡Regocijaos!" (Filipenses 4:4).

Acaso esto suene un poco extraño. ¿Cómo podemos alegrarnos cuando nos va mal en un examen, cuando nos enfermamos o cuando se acaba el dinero?

A veces nos esforzamos y decimos algún aleluya, (no muy convencidos), como para agradar a Dios. No comprendemos aún lo que es el gozo del Señor.

El apóstol Pedro dice al referirse a Jesús: "A quien amáis sin haberle visto, en quien creyendo, aunque ahora no lo veáis, os alegráis con GOZO INEFABLE Y GLORIOSO" (1 Pedro 1:8). Se trata de una alegría diferente, de un gozo INEFABLE Y GLORIOSO. No es el gozo del mundo sino el del Señor. Es distinto. No surge porque las cosas vayan bien o porque tengamos todo lo que queremos. Dios mismo lo coloca en lo más profundo de nuestro ser cuando nos entregamos a Él y quiere que lo mantengamos siempre vivo. Esta alegría no depende de las cosas que nos pasan, sino que viene por saber que tenemos un Dios grande y todopoderoso que nos ama, nos protege y vive cada día a nuestro lado. La presencia del Señor en nuestra vida es la que produce ese gozo, y la confianza que tenemos de que Él nunca nos va a fallar o desamparar en el momento difícil.

Por eso es una alegría permanente, que podemos sentir aun cuando nos toca pasar por circunstancias difíciles de enfermedad, de muerte o de necesidad. En esas situaciones debemos dejarnos consolar por el Señor, y disfrutar del gozo apacible y dulce que Él pone en nosotros. Su gozo es tan precioso que Pedro lo llama "inefable" ya que no se puede describir y "glorioso" porque está lleno de la gloria de Dios.

No es cuestión de esforzarnos por sentir alegría, sino más bien permitir que en toda circunstancia Dios nos llene de ella.

PREGUNTAS PARA LOS NIÑOS

- ¿De qué depende la alegría de la gente que no conoce a Dios?

- ¿De qué depende la alegría del cristiano?
- ¿Cómo es el gozo del Señor?

PARA LOS MÁS CHIQUITOS

Narre la historia de una niñita que se aflige mucho cada vez que se rompen sus juguetes o que se le pierden los útiles escolares. Un día la mamá, cansada de verla triste, se sienta a conversar con ella y le dice que no hay razón para preocuparse tanto cuando se le presentan problemas porque ella siempre estará a su lado para ayudarla a solucionarlos. Jamás la dejará sola y nunca le faltará lo necesario. La niña sabe que puede confiar en la mamá y contar con ella para todo. De allí en adelante es una niña feliz. Dios quiere que confiemos de la misma manera en Él, y que nunca tengamos preocupaciones ni tristezas, sino alegría.

Martes

OBJETIVO: Que sepan que la fuente del gozo es Jesucristo

La alegría del Señor nos llega cuando Jesús viene a nuestra vida. Porque Cristo es la fuente misma de todo bien. Él declara: "Si alguno tiene sed, venga a mí y beba. El que cree en mí, como dice la Escritura, de su interior correrán ríos de agua viva. Esto dijo del Espíritu que habían de recibir los que creyesen en él" (Juan 7:37-39).

Cuando somos bautizados en el Espíritu Santo, todo nuestro ser se llena de Cristo y aquellas cosas que Él pone en nosotros comienzan a correr como un río. Somos inundados por su amor, por su alegría, por su paz, por su dominio propio. (Véase Gálatas 5:22, VP.)

Es como si Dios pusiera en nuestro interior una fuente cuyas aguas saltan y nunca paran de fluir, y realmente Dios la pone. El amor, la alegría, la paz y todas las otras cosas no tienen por qué faltarnos. A menos que tapemos la boca de salida de la fuente. El pecado es el tapón que no permite que la bendición de Dios fluya.

Dios dice que no le causemos tristeza (por andar en pecado) al Espíritu Santo, el Espíritu de Cristo, que vive dentro de nosotros y que en cambio le demos lugar para que sea Él quien actúe por nosotros. Cuando el Espíritu Santo nos guía en todo lo que hacemos, las cosas salen bien y nos sentimos felices.

Cristo, por el Espíritu, vive en nosotros. Él es fuente de gozo. Por lo tanto, la alegría siempre estará presente.

PREGUNTAS PARA LOS NIÑOS

- ¿Quién es la fuente del gozo?
- ¿Dónde vive Jesús?
- ¿Qué ha colocado Dios dentro de nosotros?
- ¿Cuándo podemos estar alegres?

PARA LOS MÁS CHIQUITOS

Una familia tiene en el jardín de su casa una fuente que brota de la profundidad de la tierra y les provee agua.

— Mamá, ¿de dónde sacaremos agua si algún día se seca la fuente? — pregunta uno de los niños.

— No te preocupes, hijo. Esta fuente ha estado fluyendo por años y años. Jamás se ha secado porque viene de un manantial muy profundo. Hay mucha agua allí abajo y no puede secarse. Así es la alegría que Dios pone en nuestro corazón. No se acaba porque viene del gran manantial de Dios que Él mismo ha colocado en nosotros.

Miércoles

৩৩৩৩

OBJETIVO: Que sepan que el gozo del Señor es nuestra fortaleza

Dios nos ha dado su gozo no sólo para hacernos felices y para que podamos disfrutar de la vida. "El gozo de Jehová es vuestra fuerza" (Nehemías 8:10). Hay un segundo propósito: que seamos fortalecidos.

Este segundo objetivo de Dios no resulta demasiado claro para muchos cristianos. Tal vez porque no parece haber mucha conexión entre el gozo y la fortaleza. Proverbios 18:14 (VP) puede ayudarnos a comprender mejor: "Al enfermo lo levanta su ánimo, pero al ánimo decaído, ¿quién podrá levantarlo?" Al enfrentar cualquier dificultad — sea la enfermedad, la escasez u otra cosa —, el estado de ánimo de una persona es muy importante.

Si está desalentado, deprimido o angustiado, no tendrá fuerzas para salir adelante. No podrá ni siquiera encarar bien la situación. Y lo más probable es que se siente a lamentar su estado o a llorar, sin hacer nada para solucionarlo. La tristeza lleva a la derrota. Pero el gozo del Señor es nuestra fuerza. Ante cualquier situación difícil, la alegría que proviene de Dios nos da el ánimo para enfrentarla y salir airosos. Cuando tenemos gozo y paz sentimos que podemos. Pero cuando entramos en un estado de angustia o ansiedad parecemos perder toda esperanza.

Muchas batallas se libran en la mente. Cuando hay gozo en nuestro corazón, tenemos claridad de pensamiento. Sabemos como actuar. Cuando nos invade la inquietud, todo se vuelve confuso. Los problemas se ven más grandes. Los inconvenientes más difíciles de solucionar. Y en la incertidumbre, el que gana es Satanás. Nos paraliza. Nos desalienta. Nos pone nerviosos. Y todo cuanto podemos hacer es gritar o quejarnos.

Debemos permitir que la alegría del Señor nos gobierne siempre. Rechacemos todos los pensamientos negativos que el diablo quiera introducir. Nos sentiremos fortalecidos en Dios y capaces de hacer frente a toda situación.

PREGUNTAS PARA LOS NIÑOS

* ¿Qué produce en nosotros el gozo de Dios?
* ¿Qué ocurre cuando nos desanimamos o nos entristecemos?
* ¿Cuál es la intención de Satanás al quitarnos el gozo?

PARA LOS MÁS CHIQUITOS

Margarita concurre a la escuela. La tarea que le da su maestra le parece tan difícil que muchas veces se desanima y se pone a llorar. Su abuelita, que es una mujer muy alegre, le dice: "Margarita, el llorar o estar triste no te ayudan en nada. Al contrario, cuando uno se desalienta todo le sale mal. Tienes que hacer las cosas difíciles con alegría, para que te salgan bien." Margarita prueba y le da buen resultado. Dios quiere que siempre reine su alegría en nuestro corazón, porque así tendremos fuerzas y ganas de hacer todas las cosas aunque sean difíciles.

Jueves

OBJETIVO: Que sepan que vivir en el gozo del Señor es la única forma de vivir en victoria

En el capítulo 16 de Hechos leemos acerca de Pablo y Silas cuando son encarcelados por predicar la Palabra de Dios. Primero los azotan muy fuerte. Luego, para asegurarse de que no escapen, les ponen los pies en el cepo. Están en la celda más oscura y sucia, tirados en el piso, con los pies fuertemente sujetos y las espaldas heridas y sangrantes. Su condición no puede ser peor. Cualquiera en su lugar estaría en completa depresión. Y ellos seguramente son tentados al desaliento. Pero se recuperan pronto.

"Si nos dejamos llevar por el desánimo, vamos a terminar sintiéndonos los más infelices y desamparados del mundo. Nuestra realidad es otra. El Señor está con nosotros aquí. Él ha visto como nos han golpeado. Él tiene misericordia y amor por nosotros. Nos va a consolar, nos va a sanar y nos va a sacar de aquí. Así que mejor vamos a alabarle, cantarle y gozarnos en Él."

No pierden la paz. No pierden el gozo. No pierden la victoria. Y Dios obra poderosamente. Produce un terremoto, la cárcel se abre, el carcelero cree que han escapado todos los presos y quiere matarse. Pablo lo detiene: "No te hagas ningún mal, pues todos estamos aquí." El carcelero se sorprende, entiende que aquello es obra de Dios y se entrega al Señor junto con toda su familia y siervos.

Resultado: esa misma noche Pablo y Silas son liberados, curados, atendidos. Comen una buena cena y duermen en camas cómodas en la casa de su propio carcelero.

Entienden que Dios tenía un propósito en su sufrimiento: el de salvar a este hombre y su familia. Se alegran en el Señor y tienen victoria plena sobre las circunstancias.

Pablo descubre el secreto de ser fortalecido en el sufrimiento a través del gozo del Señor. Les dice a los colosenses: "AHORA ME GOZO EN LO QUE PADEZCO POR VOSOTROS, y cumplo en mi carne lo que falta de las aflicciones de Cristo por su cuerpo, que es la iglesia" (Colosenses 1:24).

Y a los corintios: "Por lo cual, por amor a Cristo ME GOZO en las debilidades, en afrentas, en necesidades, en persecuciones, en angustias; porque CUANDO SOY DÉBIL, ENTONCES SOY FUERTE" (2 Corintios 12:10).

Él se siente débil humanamente, pero fortalecido por el gozo de Cristo.

Y otra vez a los corintios les dice: "Estamos atribulados en todo, mas no angustiados; en apuros, mas no desesperados; perseguidos, mas no desamparados; derribados, pero no destruidos . . . Porque esta leve tribulación momentánea produce en nosotros un cada vez más excelente y eterno peso de gloria" (2 Corintios 4:8-9, 17).

Es importante mantenernos siempre gozosos para vivir en permanente victoria.

PREGUNTAS PARA LOS NIÑOS

- ¿Qué actitud tomaron Pablo y Silas frente al sufrimiento?
- ¿Cuál fue el resultado?
- ¿El gozo de Dios obra hoy lo mismo que en la época de Pablo?

PARA LOS MÁS CHIQUITOS

Narre la historia de Pablo y Silas con el carcelero de Filipos que se relata en Hechos 16:16-40. Puede ser leída de la Versión Popular. Destaque que tuvieron victoria por mantenerse gozosos y llenos de alabanza hacia el Señor.

Viernes

OBJETIVO: Que sepan que el gozo del Señor transforma la derrota en victoria

David antes de ser rey fue perseguido por Saúl, que gobernaba sobre Israel. Así que David vivía huyendo de un sitio a otro, se escondía entre las montañas, cambiaba de ciudad constantemente. Llevaba consigo a su familia y a todos sus hombres de guerra, ya que nunca sabía cuando sería atacado por Saúl o por los pueblos enemigos de Israel como los filisteos o los amalecitas.

En cierta ocasión salió con sus hombres en una de sus campañas. Al regresar a Siclag, donde había dejado a su familia, encontró que los amalecitas habían atacado y quemado el lugar, y se habían llevado cautivos a todos los que estaban allí.

"Entonces David y la gente que con él estaba alzaron su voz y lloraron, hasta que les faltaron las fuerzas para llorar . . . Y David se angustió mucho, porque el pueblo hablaba de apedrearlo [culpándolo de la desgracia], pues todo el pueblo estaba en amargura de alma, cada uno por sus hijos y por sus hijas; mas David se fortaleció en Jehová su Dios . . . Y David consultó a Jehová, diciendo: ¿Perseguiré a estos merodeadores? ¿Los podré alcanzar? Y él le dijo: Síguelos, porque ciertamente los alcanzarás, y de cierto librarás a los cautivos. Partió, pues, David, él y los seiscientos hombres que con él estaban . . . Y libró David todo lo que los amalecitas habían tomado . . . Y no les faltó cosa alguna, chica ni grande, así de hijos como de hijas, del robo, y de todas las cosas que les habían tomado; todo lo recuperó David" (1 Samuel 30:4-19).

El primer impulso de David fue llorar y lamentarse. Pero pronto se recuperó y pensó: *¿Qué estoy haciendo aquí, sin fuerzas ni para llorar? ¡No es esta la forma en que he vencido hasta ahora! ¡Fuera el lamento! ¡Fuera la amargura! ¡Fuera la tristeza!* Y se fortaleció en Dios.

No era la primera vez que David tomaba esa actitud. En 1 Samuel 22:1-2 dice de él: "Yéndose luego David de allí, huyó a la cueva de Adulam; y cuando sus hermanos y toda la casa de su padre lo supieron, vinieron allí a él. Y se juntaron con él todos los afligidos, y todo el que estaba endeudado, y todos los que se hallaban en amargura de espíritu, y fue hecho jefe de ellos; y tuvo consigo como cuatrocientos hombres."

Y de esos hombres, que eran los más tristes e infelices de la tierra, hizo valientes varones de guerra, que lucharon, triunfaron y reinaron luego con él. Les enseñó a confiar en Dios y a alabarle.

David compuso salmos que cantaba en presencia de los que lo rodeaban, y dijo cosas como éstas: "ME GOZARÉ Y ALEGRARÉ en tu misericordia. Porque has visto mi aflicción; has conocido mi alma en las angustias. No me entregaste en mano del enemigo; pusiste mis pies en lugar espacioso" (Salmo 31:7-8). "CON LABIOS DE JÚBILO TE ALABARÁ MI BOCA, cuando me acuerde de ti en mi lecho, cuando medite en ti en las vigilias de la noche. Porque has sido mi socorro, y así en la sombra de tus alas ME REGOCIJARÉ". (Salmo 63:5-7).

Él enseñó a la gente a alabar al Señor y a regocijarse en Él: "GÓCENSE Y ALÉGRENSE EN TI TODOS LOS QUE TE BUSCAN, y digan siempre los que aman tu salvación: Jehová sea enaltecido" (Salmo 40:16).

Podemos transformar la derrota en victoria cuando quitamos de nosotros la congoja y el abatimiento, y le damos lugar al gozo que viene de Dios.

PREGUNTAS PARA LOS NIÑOS

- ¿Cuál fue la primera actitud de David cuando los amalecitas llevaron cautivas a su familia y a las de sus hombres?
- ¿Cuál fue su segunda actitud? ¿Qué produjo?
- ¿Cómo podemos transformar la derrota en victoria?

PARA LOS MÁS CHIQUITOS

Narre la historia de David y los amalecitas que aparece en 1 Samuel 30:1-19.

Destaque que cuando David dejó la tristeza y se fortaleció en el Señor, Dios le dio victoria sobre sus enemigos.